*

나 ____________ 은

이 책의 233개 패턴을

_____ 월 _____ 일에서 _____ 월 _____ 일까지

일주일에 _____ 번, 하루 _____ 개, _____ 분 이상

꾸준히 학습할 것을 약속합니다.

*

영어회화 핵심패턴 233

백선엽 지음

단어만 갈아 끼우면 회화가 튀어나온다!

*

English Patterns 233

영어회화 핵심패턴 233

English Patterns 233

초판 1쇄 발행 | 2023년 1월 15일
초판 7쇄 발행 | 2024년 11월 4일

지은이 | 백선엽
발행인 | 이종원
발행처 | (주)도서출판 길벗
브랜드 | 길벗이지톡
출판사 등록일 | 1990년 12월 24일
주소 | 서울시 마포구 월드컵로 10길 56(서교동)
대표 전화 · 02)332-0931 | 팩스 · 02)323-0586
홈페이지 · www.gilbut.co.kr | 이메일 · eztok@gilbut.co.kr

기획 및 책임편집 · 고경환 | 디자인 · 최주연 | 제작 · 이준호, 손일순, 이진혁
마케팅 · 이수미, 장봉석, 최소영 | 유통혁신 · 한준희 | 영업관리 · 김명자, 심선숙 | 독자지원 · 윤정아

편집진행 · 안현진 | 전산편집 · 허문희 | 녹음 및 편집 · 와이알미디어
인쇄 · 정민 | 제본 · 정민

ISBN 979-11-407-0250-3 03740
(길벗 도서번호 301132)

정가 18,000원

Preface

개정에 부쳐

2002년 선보인 '영어회화 핵심패턴 233'이 올해로 20년이 되었습니다. 수많은 책이 나오고 사라지는 동안 '핵심패턴 233' 시리즈는 어느덧 80만 부 베스트셀러이자 최장수 스테디셀러가 되었죠. 꾸준한 사랑 진심으로 감사 드립니다.
이번 개정을 위해 새로운 책 10권에 맞먹는 고민을 거듭하며 어떻게 도움을 드릴 수 있을지 연구했습니다. 그리고 요즘 학습 트렌드에 맞게 이렇게 만들었습니다.

1. 더 자주 쓰는 최신 표현과 패턴

사회가 급변하며 눈에 띄게 새로운 말들이 생기고 있습니다. 언젠가부터 우리는 '혼밥', '혼술'을 편하게 얘기하고 있죠. 코로나와 함께 언택트 상황에서 쓰는 표현이 부쩍 늘어났고요.
이런 트렌드를 반영해 모든 패턴과 예문을 업데이트 했습니다. 물론 시간과 상관없이 원어민들이 항상 말하는 매일 패턴도 놓치지 않고 담았습니다.

2. 매일 공부해도 부담없는 20분 구성

바쁜 생활에서 작심삼일이 되지 않게 잔가지는 쳐내고 20분 학습으로 구성했습니다. 패턴 1개에 꼭 필요한 예문 5개만 엄선했습니다. 이 예문들은 저와 원어민 친구들이 몇 달을 연구하며 뽑아낸 활용도가 높은 문장들입니다.
영어는 외우는 게 아니라 운전처럼 체화하는 것이라고 합니다. 그래서 패턴과 예문이 몸에 스며들 수 있게 훈련 프로그램을 만들었습니다. QR 코드만 찍으면 모바일에 최적화된 영상을 바로 볼 수 있습니다.

그리고 이 모든 걸 작고 세련된 디자인에 담았습니다. 좋아하는 에세이 책처럼 어디든 들고 다니면서 완독 챌린지에 도전해 보세요. 233개 패턴을 끝내는 날 성취감과 함께 외국인과 대화에서 천하무적이 된 기분을 느낄 수 있을 거예요.

2022년 12월, 백선엽 드림

PATTERN CHALLENGE

<영어회화 핵심패턴 233>은 완독 챌린지 프로그램에 적합하게 구성했습니다. 아래 사항을 참고하여 하루 1패턴, 233일 완독 챌린지에 도전해 보세요.

| 20분 학습 챌린지 |

1. 패턴 학습

학습 시작 전 스스로 하루 학습 분량과 학습 가능한 시간을 설정합니다. 하루 1패턴, 20분 학습을 권장하며, 빨리 끝내고 싶은 분은 하루 2~3개의 패턴을 학습하세요. 각 패턴에는 다섯 개의 예문이 들어가 있습니다. 학습 날짜를 기록하고, 예문 5개를 3번 반복합니다. 한 번 학습할 때마다 체크박스에 표시합니다.

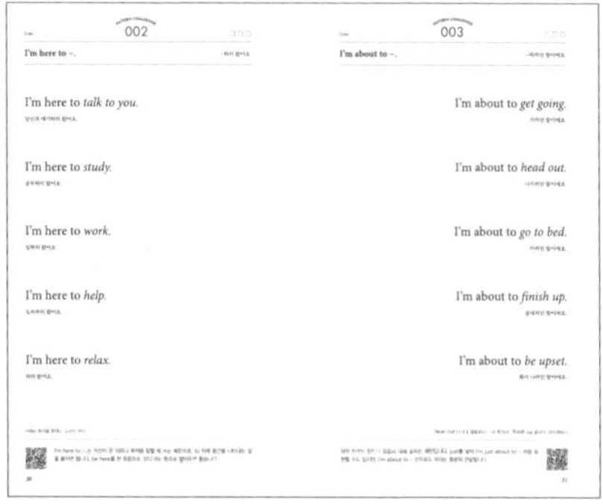

2. 유튜브 동영상 훈련

설정한 시간에 반드시 패턴 학습을 진행하고, 동영상 프로그램을 활용하여 표현을 체화시키세요. QR코드를 찍으면 바로 동영상 훈련으로 연결됩니다. 1분 내외의 짧은 호흡의 훈련으로 부담도 없습니다. 학습이 더 필요하면 동영상을 반복해 보거나 이동 시에 짬짬이 학습해도 좋습니다.

3. 온라인 인증

챌린지는 기록이 생명입니다. 6페이지의 planner를 적극적으로 활용하세요. 또한 학습 인증샷을 SNS(인스타그램, 블로그 등)에 업로드하여 공유하는 것도 큰 동기부여가 됩니다. 인스타그램이나 블로그는 여러 개의 부계정을 만들 수 있으므로, 인증 전용 계정을 사용하여 업로드해 보세요.

| Review 및 MP3 |

1. Review

한 Chapter가 끝나면 배웠던 패턴을 복습할 수 있는 Review가 제공됩니다. 패턴이 대화 안에서 어떻게 활용되는지 확인해 보고 따라해 보세요. 패턴을 학습하시고 보셔도 되고 패턴을 모두 학습하신 뒤에 복습으로 쭉 보셔도 됩니다.

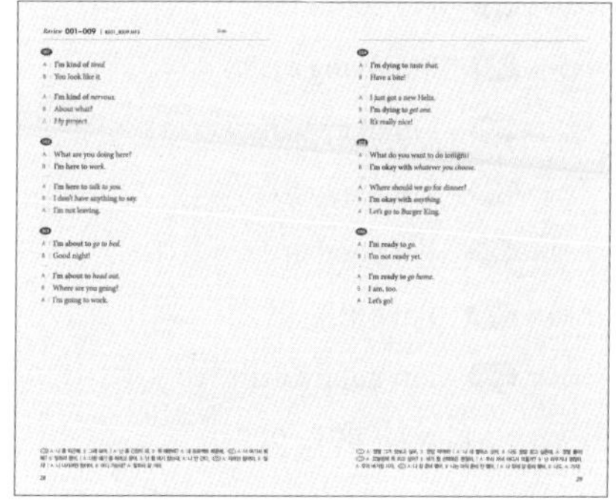

Review 001-009

A : I'm kind of *tired.*
B : You look like it.

A : I'm kind of *nervous.*
B : About what?
A : *My project.*

A : What are you doing here?
B : I'm here to work.

A : I'm here to talk *to you.*
B : I don't have anything to say.
A : I'm not leaving.

A : I'm about to *go to bed.*
B : Good night!

A : I'm about to *head out.*
B : Where are you going?
A : I'm going to work.

A : I'm dying to taste *that.*
B : Have a bite!

A : I just got a new Helix.
B : I'm dying to *get one.*
A : It's really nice!

A : What do you want to do tonight?
B : I'm okay with *whatever you choose.*

A : Where should we go for dinner?
B : I'm okay with *anything.*
A : Let's go to Burger King.

A : I'm ready to *go.*
B : I'm not ready yet.

A : I'm ready to *go home.*
B : I am, too.
A : Let's go!

2. MP3

패턴의 모든 패턴 예문과 Review를 원어민이 녹음한 MP3가 제공됩니다. 길벗 홈페이지(gilbut.co.kr)에 접속해 '영어회화 핵심패턴 233'을 검색하여 자료실로 들어가면 전체 MP3를 다운로드하거나 실시간으로 들을 수 있습니다. 동영상을 보기 힘든 환경이나 연속해서 듣고 싶을 때 적극 활용해 보세요.

CONTENTS & PLANNER

Part 1
네이티브가 즐겨 쓰는 생기초 패턴

Part 2
현지에서 활용도가 높은 기본 패턴

Part 3
현지 일상생활에서 매일 쓰는 필수 기본 동사 패턴

Part 4
Perfect Timing(퍼펙트 타이밍) Perfect 의문사 패턴

Part 5
상황에 맞게 골라 쓰는 네이티브 패턴

Chapter 22 | I have p.p. ~.

Chapter 23 | I'm sure ~.

Chapter 24 | All I ~.

Part 6
온라인 활용도 100% 기본 패턴

Part 1

네이티브가 즐겨 쓰는 생기초 패턴

Part 1에서는 기초 중의 기초라고 할 수 있는 I'm, Do you 등을 이용한 패턴을 학습합니다. 중학교 실력으로도 부담없이 말할 수 있는 패턴이라 어렵지 않지만 필수적인 패턴이니 꼭 알아두세요.

Pattern 001-009

Chapter 01

I'm ~.

영어 교과서나 기초 영어책 맨 앞에 꼭 나오는 I'm 뒤에 쉬운 단어 몇 개만 붙이면 '~하러 왔어요', '막 ~하려던 참이에요'처럼 원어민들이 일상생활에서 자주 쓰는 유용한 표현이 됩니다. 내 상태와 감정, 행동을 얘기할 수 있는 무엇보다 먼저 익혀둬야 할 표현을 같이 살펴볼까요?

001 I'm kind of ~.

002 I'm here to ~.

003 I'm about to ~.

004 I'm dying to ~.

005 I'm okay with ~.

006 I'm ready to ~.

007 I'm good at ~.

008 I'm on ~.

009 I'm happy with ~.

Date.　　.　　.

□ □ □

I'm kind of ~.

좀 ~해요.

I'm kind of *tired.*

좀 피곤해요.

I'm kind of *excited.*

좀 흥분돼요.

I'm kind of *happy.*

좀 기뻐요.

I'm kind of *nervous.*

좀 긴장돼요.

I'm kind of *jealous.*

좀 질투 나요.

nervous 긴장한, 걱정되는, 불안한　jealous 질투하는

우리가 자주 쓰는 '좀'이라는 말에 가장 잘 어울리는 영어가 바로 kind of입니다. "좀 피곤해", "좀 바빠" 등 나의 상태를 말할 때 이 I'm kind of ~. 패턴을 사용해 보세요.

Date. . .

☐ ☐ ☐

I'm here to ~.

~하러 왔어요.

I'm here to *talk to you.*

당신과 얘기하러 왔어요.

I'm here to *study.*

공부하러 왔어요.

I'm here to *work.*

일하러 왔어요.

I'm here to *help.*

도와주러 왔어요.

I'm here to *relax.*

쉬러 왔어요.

relax 휴식을 취하다, 느긋이 쉬다

I'm here to ~.는 자신이 온 이유나 목적을 말할 때 쓰는 패턴으로, to 뒤에 용건을 나타내는 말을 붙이면 됩니다. be here를 한 묶음으로 '오다'라는 뜻으로 알아두면 좋습니다.

Date. . .

I'm about to ~.

~하려던 참이에요.

I'm about to *get going.*

가려던 참이에요.

I'm about to *head out.*

나가려던 참이에요.

I'm about to *go to bed.*

자려던 참이에요.

I'm about to *finish up.*

끝내려던 참이에요.

I'm about to *be upset.*

화가 나려던 참이에요.

head out 나가다, 출발하다, ~로 향하다 finish up 끝내다, 마무리하다

당장 하려는 일이나 행동에 대해 말하는 패턴입니다. just를 넣어 I'm just about to ~.처럼 표현할 수도 있지만, I'm about to ~.만으로도 의미는 충분히 전달됩니다.

PATTERN CHALLENGE

004

Date. . .

□ □ □

I'm dying to ~.

정말 ~하고 싶어요.

I'm dying to *see you.*

정말 당신이 보고 싶어요.

I'm dying to *get one.*

정말 하나 갖고 싶어요.

I'm dying to *give it a shot.*

정말 한번 시도해 보고 싶어요.

I'm dying to *taste that.*

정말 그걸 맛보고 싶어요.

I'm dying to *see that movie.*

정말 그 영화 보고 싶어요.

give it a shot 시도하다, 도전하다(= give it a try)   taste 맛보다, 시식하다

우리도 뭔가가 너무 하고 싶을 때 '~하고 싶어 죽겠다'고 하는데 신기하게도 영어에도 같은 표현이 있습니다. 바로 I'm dying to ~. 패턴으로, 무언가를 간절히 하고 싶을 때 사용합니다.

Date. . .

☐☐☐

I'm okay with ~.

~이 괜찮아요.

I'm okay with *anything.*

아무거나 괜찮아요.

I'm okay with *the plan.*

전 그 계획 괜찮아요.

I'm okay with *whatever you choose.*

당신이 뭘 선택하든 괜찮아요.

I'm okay with *being alone.*

혼자 있어도 괜찮아요.

I'm okay with *how it turned out.*

결과가 어떻게 됐든 괜찮아요.

turn out ~로 판명되다, (일·진행·결과가 특정 방식으로) 되다

I'm okay with ~.는 어떤 사안에 대해 크게 거부감 없이 괜찮다는 느낌을 표현하기 좋은 패턴입니다. 무난한 성격의 소유자들이 많이 사용합니다.

Date.

I'm ready to ~.

~할 준비 됐어요.

I'm ready to *go.*

갈 준비 됐어요.

I'm ready to *order.*

주문할 준비 됐어요.

I'm ready to *start.*

시작할 준비 됐어요.

I'm ready to *go home.*

집에 갈 준비 됐어요.

I'm ready to *make a choice.*

선택할 준비 됐어요.

order 주문하다 make a choice 선택하다(= choose)

be ready to는 '~할 준비가 되다'란 뜻으로, to 다음에는 go, order, leave, try와 같은 동사원형을 써야 합니다.

Date. . .

□ □ □

I'm good at ~.

~을 잘해요.

I'm good at *tennis.*

전 테니스를 잘 쳐요.

I'm good at *writing.*

전 글쓰기를 잘해요.

I'm good at *math.*

전 수학을 잘해요.

I'm good at *directions.*

전 방향을 잘 알아요.

I'm good at *figuring things out.*

전 잘 파악해요.

be good at directions 방향을 잘 파악하다

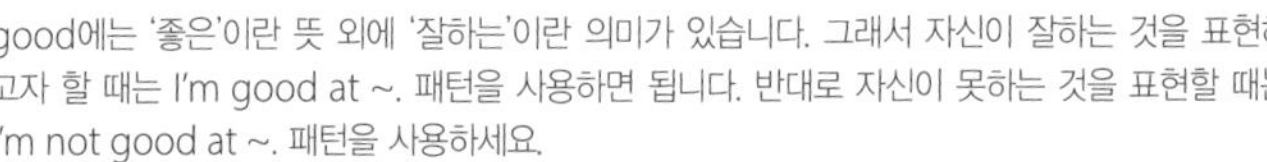

good에는 '좋은'이란 뜻 외에 '잘하는'이란 의미가 있습니다. 그래서 자신이 잘하는 것을 표현하고자 할 때는 I'm good at ~. 패턴을 사용하면 됩니다. 반대로 자신이 못하는 것을 표현할 때는 I'm not good at ~. 패턴을 사용하세요.

Date. . .

□□□

I'm on ~.

~ 중이에요.

I'm on *my way now.*

지금 가는 중이에요.

I'm on *my way there.*

그곳에 가는 중이에요.

I'm on *vacation.*

휴가중이에요.

I'm on *it.*

지금 하고 있는 중이에요.

I'm on *medicine.*

약을 먹고 있는 중이에요.

medicine 약

on은 '활동'이나 '상태'를 나타내는 전치사인데요, 말하는 사람이 처한 상황이나 현재의 처지, 상태를 말할 때 다양하게 사용할 수 있습니다.

Date.   .   .

☐☐☐

I'm happy with ~.

~에 만족해요.

I'm happy with *my new job.*

새 직장에 만족해요.

I'm happy with *my life.*

제 생활에 만족해요.

I'm happy with *my choice.*

제 선택에 만족해요.

I'm happy with *everything.*

모든 것에 만족해요.

I'm happy with *where I live.*

지금 살고 있는 곳에 만족해요.

choice 선택

happy는 '행복한, 만족한'이라는 뜻으로, I'm happy with ~.는 어떤 것에 아주 만족하거나 뭔가로 인해 기분이 좋을 때 사용하는 패턴입니다.

001

A : **I'm kind of** *tired.*

B : You look like it.

......

A : **I'm kind of** *nervous.*

B : About what?

A : My project.

002

A : What are you doing here?

B : **I'm here to** *work.*

......

A : **I'm here to** *talk to you.*

B : I don't have anything to say.

A : I'm not leaving.

003

A : **I'm about to** *go to bed.*

B : Good night!

......

A : **I'm about to** *head out.*

B : Where are you going?

A : I'm going to work.

001 A : 나 좀 피곤해. B : 그래 보여. | A : 난 좀 긴장이 돼. B : 뭐 때문에? A : 내 프로젝트 때문에. 002 A : 너 여기서 뭐 해? B : 일하러 왔어. | A : 너랑 얘기 좀 하려고 왔어. B : 난 할 얘기 없는데. A : 나 안 간다. 003 A : 자려던 참이야. B : 잘 자! | A : 나 나가려던 참이야. B : 어디 가는데? A : 일하러 갈 거야.

004

A : **I'm dying to** *taste that.*

B : Have a bite!

……

A : I just got a new Helix.

B : **I'm dying to** *get one.*

A : It's really nice!

005

A : What do you want to do tonight?

B : **I'm okay with** *whatever you choose.*

……

A : Where should we go for dinner?

B : **I'm okay with** *anything.*

A : Let's go to Burger King.

006

A : **I'm ready to** *go.*

B : I'm not ready yet.

……

A : **I'm ready to** *go home.*

B : I am, too.

A : Let's go!

004 A : 정말 그거 맛보고 싶어. B : 한입 먹어봐! | A : 나 새 헬릭스 샀어. B : 나도 정말 갖고 싶은데. A : 정말 좋아! **005** A : 오늘밤에 뭐 하고 싶어? B : 네가 뭘 선택하든 괜찮아. | A : 우리 저녁 어디서 먹을까? B : 난 아무거나 괜찮아. A : 우리 버거킹 가자. **006** A : 나 갈 준비 됐어. B : 나는 아직 준비 안 됐어. | A : 나 집에 갈 준비 됐어. B : 나도. A : 가자!

☐☐☐

007

A : What are you good at?

B : **I'm good at** *tennis.*

……

A : Do you need any help?

B : I have to write an essay.

A : **I'm good at** *writing.*

008

A : Are you coming?

B : **I'm on** *my way now.*

A : See you soon!

……

A : I need you to get this done.

B : **I'm on** *it.*

009

A : How's work going?

B : **I'm happy with** *my new job.*

……

A : Do the decorations look okay?

B : **I'm happy with** *everything.*

007 A : 넌 뭘 잘해? B : 난 테니스 잘 쳐. | A : 도움 필요해? B : 에세이를 써야 하는데. A : 나 글쓰기 잘하는데. 008 A : 오고 있어? B : 지금 가는 중이야. A : 곧 보자! | A : 네가 이것을 끝내야 하는데. B : 지금 하고 있는 중이야. 009 A : 일은 어때? B : 새 직장에 만족해. | A : 장식들이 괜찮아 보여? B : 모든 것에 만족해.

Chapter 02

Do you ~?

이제 '너'가 등장합니다. Do you로 시작하는 의문문은 일상생활뿐만 아니라 여행 영어에서도 흔하게 쓰이는 필수 표현입니다. Do you 뒤에 동사만 제대로 써도 원하는 의사 표현은 할 수 있습니다. 쉽지만 꼭 기억해 주세요.

Date. . .

□□□

Do you like ~?

~을 좋아해요?

Do you like *classical music*?

클래식 음악 좋아해요?

Do you like *her*?

그녀를 좋아해요?

Do you like *your job*?

당신 일을 좋아해요?

Do you like *the color blue*?

파란색 좋아해요?

Do you like *going to the movies*?

영화 보러 가는 거 좋아해요?

classical music 클래식 음악

상대방의 취향을 물을 때 쓰는 패턴입니다. Do you like ~? 패턴을 사용해 음식, 취미, 생각 등 다양한 것에 대한 상대방의 취향을 물어보세요.

Date. . .

□□□

Do you know ~?

~을 아세요?

Do you know *me*?

절 아세요?

Do you know *each other*?

서로 아세요?

Do you know *anything about him*?

그 사람에 대해서 뭐 아세요?

Do you know *what time it is*?

몇 시인지 아세요?

Do you know *who she is*?

그녀가 누군지 아세요?

상대방에게 무언가를 아는지 물을 때 사용하는 패턴입니다. 사람이나 물건, 또는 어떤 행위에 대해서 아느냐고 직접적으로 물어볼 때 씁니다.

PATTERN CHALLENGE

012

Date. . .

□□□

Do you want to ~?

~하시겠어요?

Do you want to *grab a bite to eat*?

뭐 좀 드시겠어요?

Do you want to *help me*?

저 좀 도와주시겠어요?

Do you want to *get a drink*?

한잔 할래요?

Do you want to *dance*?

춤출래요?

Do you want to *watch TV*?

TV 볼래요?

grab a bite to eat 간단히 먹다

상대방이 뭔가를 하고 싶은지 물을 때도 쓰고, 상대방에게 뭔가를 제안할 때도 쓰기 좋은 패턴입니다. 친구를 사귈 때도 유용한 패턴이니 꼭 알아두고 써먹기를 바랍니다.

Date. . .

□□□

Do you feel like ~?

~하고 싶어요?

Do you feel like *a drink*?

한잔 하고 싶어요?

Do you feel like *eating something*?

뭐 좀 먹고 싶어요?

Do you feel like *staying home*?

집에 있고 싶어요?

Do you feel like *going out*?

나가고 싶어요?

Do you feel like *getting lunch*?

점심 먹을래요?

get lunch 점심을 먹다(= eat lunch, have lunch)

feel like는 '~하고 싶다'란 뜻으로, Do you feel like ~?는 '~하고 싶어요?, ~하는 거 어때요?' 하고 상대방의 의사를 묻거나 제안할 때 사용하는 패턴입니다. like 다음에는 명사나 동사의 -ing 형태가 옵니다.

PATTERN CHALLENGE

014

Date. . .

□ □ □

Do you think ~?

~라고 생각해요?, ~일까요?

Do you think *I am stupid*?

제가 바보라고 생각해요?

Do you think *it's right*?

그게 맞다고 생각해요?

Do you think *this looks okay*?

이게 괜찮아 보인다고 생각해요?

Do you think *I should buy it*?

제가 그걸 사야 할까요?

Do you think *he'll call me*?

그가 저한테 전화를 할까요?

Do you think ~?는 상대방의 생각을 조심스럽게 물어볼 때 쓰는 패턴으로, 두 가지 의미로 이해를 할 수 있습니다. 하나는 '~라고 생각해요?'라고 단도직입적으로 물어보는 것이고, 다른 하나는 '~일까요?' 하고 상대방의 의견을 조심스럽게 물어보는 경우입니다.

PATTERN CHALLENGE
015

Date. . .

Do you need ~?

~이 필요해요?

Do you need *some money*?

돈이 좀 필요해요?

Do you need *help*?

도움이 필요해요?

Do you need *a ride*?

제가 태워 드릴까요?

Do you need *a date for the party*?

파티에 같이 갈 데이트 상대가 필요해요?

Do you need *some more time*?

시간이 더 필요해요?

ride 차에 탐, 차를 태워줌 date 데이트 상대

상대방에게 뭔가 필요한지 물을 때 쓰는 패턴이지만, 뭔가를 권할 때도 자주 사용합니다. 뒤에 more를 붙여 어떤 것이 추가로 더 필요한지를 물을 수도 있습니다.

Date. . .

□□□

Do you remember ~? ~이 기억나요?

Do you remember *me*?

저 기억하세요?

Do you remember *the name of the restaurant*?

그 식당 이름 기억나요?

Do you remember *who that is*?

그게 누군지 기억나요?

Do you remember *what time it starts*?

언제 시작하는지 기억나요?

Do you remember *how to do this*?

이거 어떻게 하는지 기억나요?

Do you remember ~?는 상대방에게 예전에 알았던 것이나 겪었던 상황이 생각나는지 물을 때 쓰는 패턴입니다. remember는 노력하지 않아도 생각이 나는 것을 말합니다.

010

A : **Do you like** *classical music***?**

B : It's my favorite.

......

A : **Do you like** *her***?**

B : I think so.

A : You should ask her out.

011

A : **Do you know** *each other***?**

B : We've met before.

......

A : **Do you know** *what time it is***?**

B : It's 9:45.

A : Thank you.

012

A : I'm getting hungry.

B : **Do you want to** *grab a bite to eat***?**

......

A : **Do you want to** *dance***?**

B : No, I'm a bad dancer.

013

A : **Do you feel like** *a drink***?**

B : Yes, please!

......

A : **Do you feel like** *eating something***?**

B : I'm starving!

A : How about a burger?

010 A : 클래식 음악 좋아해? B : 제일 좋아하지. | A : 너 그녀 좋아해? B : 그런 것 같아. A : 그녀에게 데이트 신청해. 011 A : 서로 아세요? B : 전에 만난 적이 있습니다. | A : 몇 시인지 아세요? B : 9시 45분입니다. A : 감사합니다. 012 A : 나 배가 고파지네. B : 뭐 좀 먹을래? | A : 춤출래? B : 아니, 난 몸치야. 013 A : 한잔 하고 싶어? B : 그럼 좋지! | A : 뭐 좀 먹을래? B : 배고파 죽겠어! A : 햄버거 어때?

014

A : **Do you think** *this looks okay*?

B : It looks great!

......

A : **Do you think** *I should buy it*?

B : It costs a lot of money.

A : No worries!

015

A : **Do you need** *some money*?

B : No, I'm okay.

......

A : **Do you need** *a date for the party*?

B : Yes. Are you free?

A : I'll be there!

016

A : **Do you remember** *me*?

B : Of course, I do.

......

A : **Do you remember** *the name of the restaurant*?

B : I think it's Domino's Pizza.

A : That's it!

014 A : 이게 괜찮아 보인다고 생각해? B : 아주 좋아 보여! | A : 내가 그걸 사야 할까? B : 돈이 많이 드는데. A : 그건 걱정 말고! 015 A : 돈이 좀 필요해? B : 아니, 괜찮아. | A : 파티에 같이 갈 데이트 상대가 필요하세요? B : 네. 시간이 있으신지? A : 파티에서 뵈어요! 016 A : 나 기억나? B : 당연히 기억나지. | A : 그 식당 이름 기억나? B : 내 생각에 도미노 피자 같은데. A : 맞아!

Pattern 017-023

Chapter 03

I think ~.

일상생활에서 쓰이는 I think는 '나는 ~라고 생각해요'보다는 '~인 것 같아요'라고 해석하는 것이 좋습니다. 사람에 따라서는 습관적으로 쓰기도 하고, 아직 확실하지 않은 것을 강조하고 싶을 때도 씁니다. What이나 How를 앞에 붙여서 의견을 묻기도 합니다.

Date. . .

I think ~.

~인 것 같아요.

I think *I saw him before.*

전에 저 사람 본 것 같아요.

I think *we should get going.*

우리 가봐야 할 것 같아요.

I think *we're almost there.*

우리 거의 다 온 것 같아요.

I think *you're right.*

당신이 맞는 것 같아요.

I think *he's mad at me.*

그가 나한테 열 받은 것 같아요.

be mad at ~에게 화가 나다

I think ~.는 자신의 생각이나 의견을 조심스럽게 말할 때 자주 쓰는 패턴으로, '~인 것 같아요'라고 해석하면 자연스럽습니다.

PATTERN CHALLENGE

018

Date. . .

□□□

I don't think ~.

~가 아닌 것 같아요.

I don't think *it's the right choice.*

올바른 선택이 아닌 것 같아요.

I don't think *it makes sense.*

말이 안 되는 것 같아요.

I don't think *that looks good on you.*

그거 당신한테 안 어울리는 것 같아요.

I don't think *that is necessary.*

그건 필요 없을 것 같아요.

I don't think *you can do that.*

당신이 할 수 없을 것 같아요.

make sense 타당하다, 말이 되다

'필요 없을 것 같아', '할 수 없을 것 같아'처럼 부정적인 내용으로 자신의 생각을 밝힐 때 영어에서는 'I think+부정문'이 아니라 부정을 앞으로 빼서 'I don't think+긍정문'을 씁니다.

PATTERN CHALLENGE

019

Date.　　.　　.

□ □ □

I think I'm going to ~.

~할 것 같아요.

I think I'm going to *give up.*

포기할 것 같아요.

I think I'm going to *decide soon.*

곧 결정할 것 같아요.

I think I'm going to *get a puppy.*

강아지를 살 것 같아요.

I think I'm going to *take a trip.*

여행을 갈 것 같아요.

I think I'm going to *quit my job.*

일을 그만둘 것 같아요.

give up 포기하다　take a trip 여행하다

I think는 '~인 것 같아요'란 의미이고 be going to는 '~하려고 하다'의 의미이므로, I think I'm going to ~. 하면 '저 ~할 것 같아요'란 뜻의 표현이 됩니다.

PATTERN CHALLENGE

020

Date. . .

□□□

I think we should ~.

우리 ~해야 할 것 같아요.

I think we should *talk about it.*

우리 그것에 대해 얘기해봐야 할 것 같아요.

I think we should *listen to him.*

우리 그 사람 말을 들어야 할 것 같아요.

I think we should *wait and see.*

기다리면서 상황을 좀 봐야 할 것 같아요.

I think we should *ask for directions.*

우리 방향을 물어봐야 할 것 같아요.

I think we should *make sure.*

우리 확인해봐야 할 것 같아요.

wait and see 두고 보다, 지켜 보다

should는 '~해야 한다'란 뜻으로 많이 알려져 있지만, 여기에서는 I think와 결합하여 '~하는 게 좋을 것 같다'는 의미로 쓰였습니다. '조언+약간의 강압'의 뉘앙스입니다.

Date. . .

□□□

I think I've got ~.

~을 가지고 있는 것 같아요.

I think I've got *the wrong idea.*

제가 잘못 생각했던 것 같아요.

I think I've got *a minute.*

잠깐 시간이 될 것 같아요.

I think I've got *a cold.*

감기에 걸린 것 같아요.

I think I've got *a bad impression.*

제가 나쁜 인상을 받은 것 같아요.

I think I've got *what you need.*

당신이 필요한 거 저한테 있는 것 같아요.

cold 감기 bad impression 나쁜 인상

자신의 소유, 아픈 증상, 상황 등을 조심스럽게 표현하고 인정할 때 쓰는 패턴입니다. I've got은 I have와 같은 표현인데, 원어민들은 I have 대신 I've got을 흔히 씁니다.

Date. . .

I'm thinking about ~.

~할까 생각 중이에요.

I'm thinking about *buying an iPhone.*

아이폰을 살까 생각 중이에요.

I'm thinking about *moving.*

이사할까 생각 중이에요.

I'm thinking about *quitting my job.*

일을 그만둘까 생각 중이에요.

I'm thinking about *going back to school.*

복학할까 생각 중이에요.

I'm thinking about *leaving my husband.*

남편과 헤어질까 생각 중이에요.

go back to school 개학하다, 복학하다

I'm thinking about ~.은 현재 머릿속에서 생각하고 있는 계획을 말하거나 고민을 털어놓을 때 사용하는 패턴입니다. about 뒤에 동사가 올 때는 -ing 형태로 바꿔 주세요.

Date. . .

☐ ☐ ☐

I thought you ~.

당신이 ~한 줄 알았어요.

I thought you *left already.*

당신이 이미 떠난 줄 알았어요.

I thought you *already ate.*

당신이 이미 먹었는 줄 알았어요.

I thought you *didn't like pizza.*

당신이 피자를 안 좋아하는 줄 알았어요.

I thought you *would need this.*

당신이 이게 필요할 줄 알았어요.

I thought you *were at work.*

당신이 근무중인 줄 알았어요.

at work 근무중

I thought you ~.는 상대방에 대해 이전에 잘못 알고 있었거나 잘못 생각했던 것을 말할 때 쓰는 표현입니다. 착각이나 오해가 있었다면 이 표현을 써서 풀어 보세요.

017

A : **I think** *we should get going.*

B : Just a few more minutes!

……

A : **I think** *he's mad at me.*

B : Why do you think that?

A : He won't return my calls.

018

A : We should offer to help.

B : **I don't think** *that is necessary.*

……

A : How does this dress look?

B : **I don't think** *that looks good on you.*

A : I'll try a different one.

019

A : **I think I'm going to** *give up.*

B : Don't do that!

……

A : Guess what?

B : What?

A : **I think I'm going to** *get a puppy.*

020

A : **I think we should** *talk about it.*

B : There's nothing to talk about.

……

A : I think this is due tomorrow.

B : I thought it was next week.

A : **I think we should** *make sure.*

017 A : 우리 가봐야 할 것 같은데. B : 몇 분만 더 있다 가자! | A : 걔가 나한테 열 받은 것 같은데. B : 왜 그렇게 생각하는데? A : 내 전화에 답이 없네. 018 A : 우리가 도와줘야 돼. B : 그럴 필요 없을 것 같아. | A : 이 드레스 어때? B : 너한테 잘 안 어울리는 것 같아. A : 다른 거 입어볼게. 019 A : 나 포기할 것 같아. B : 그러지 마! | A : 그거 알아? B : 뭐? A : 나 강아지 살 것 같아. 020 A : 우리 그것에 대해 얘기해봐야 할 것 같아. B : 할 얘기가 없는데. | A : 이거 내일이 마감인 것 같은데. B : 난 다음 주라고 생각했는데. A : 우리 확인해봐야 할 것 같아.

021

A : Are you sick?

B : **I think I've got** *a cold.*

……

A : He's a really nice guy.

B : **I think I've got** *a bad impression.*

022

A : **I'm thinking about** *quitting my job.*

B : Why would you do that?

……

A : **I'm thinking about** *leaving my husband.*

B : Why?

A : I think he's cheating on me.

023

A : **I thought you** *left already.*

B : I'm getting ready to go now.

……

A : What's for dinner?

B : **I thought you** *already ate.*

A : No, not yet.

021 A : 너 아프니? B : 감기에 걸린 것 같아. | A : 그 사람 참 좋은데. B : 내가 나쁜 인상을 받은 것 같아. 022 A : 일을 그만둘까 생각 중이야. B : 왜 그만두려고 하는데? | A : 남편과 헤어질까 생각 중이야. B : 왜? A : 남편이 바람을 피우는 것 같아. 023 A : 난 네가 이미 떠난 줄 알았어. B : 난 이제 가려고 준비중인데. | A : 저녁 메뉴는 뭐야? B : 난 네가 이미 먹었는 줄 알았는데. A : 아니, 아직이야.

Pattern 024-032

Chapter 04

I like ~.

like가 '좋아하다', '맘에 들다'라는 뜻인 것은 누구나 알고 있습니다. 하지만 원어민들은 취향을 얘기할 때뿐만 아니라 '멋지다'라고 칭찬을 할 때도 like를 씁니다. 조동사와 같이 써서 하기 싫은 것과 하고 싶은 것을 얘기할 때도 쓰입니다.

PATTERN CHALLENGE

024

Date. . .

□ □ □

I like ~.

~을 좋아해요.

I like *cheeseburgers.*

전 치즈버거를 좋아해요.

I like *this place a lot.*

이곳이 너무 좋아요.

I like *this store.*

이 가게가 좋아요.

I like *this movie.*

이 영화가 좋아요.

I like *what you did with your hair.*

당신 헤어스타일 맘에 들어요.

'~을 좋아해요, ~이 마음에 들어요'란 뜻으로, 자신이 좋아하는 것을 말할 때 쓰는 패턴입니다. '아주 좋아한다'고 할 때는 like 대신에 love를 써도 됩니다.

Date. . .

I like to ~.

~하는 것을 좋아해요.

I like to *travel.*

여행하는 것을 좋아해요.

I like to *watch TV.*

TV 보는 것을 좋아해요.

I like to *garden.*

정원 가꾸는 것을 좋아해요.

I like to *go swimming.*

수영하러 가는 것을 좋아해요.

I like to *try new foods.*

새로운 음식에 도전하는 것을 좋아해요.

garden 정원을 가꾸다

I like 뒤에 'to+동사원형'을 써서 '~하는 게 좋아요'라는 의미로 쓰는 패턴입니다. to 다음에는 반드시 go, eat, read, cook 등과 같이 동사의 원형이 와야 합니다.

Date. . .

□ □ □

I like -ing ~.

~하는 것을 좋아해요.

I like *travel*ing.

여행하는 것을 좋아해요.

I like *shopp*ing.

쇼핑하는 것을 좋아해요.

I like *go*ing *to the club.*

클럽에 가는 것을 좋아해요.

I like *go*ing *to the movies.*

영화 보러 가는 것을 좋아해요.

I like *visit*ing *new places.*

새로운 곳 방문하는 것을 좋아해요.

go to the movies 영화 보러 가다

이번에는 I like 뒤에 -ing를 써서 자신이 좋아하는 것을 표현하는 패턴입니다. 이처럼 동사 like 뒤에는 to부정사도 올 수 있고, -ing 형태도 올 수 있는데 뜻은 둘 다 같습니다.

PATTERN CHALLENGE

027

Date. . .

□□□

I really like ~.

~을 정말 좋아해요.

I really like *taking a bath.*

목욕을 정말 좋아해요.

I really like *this restaurant.*

이 식당 정말 좋아해요.

I really like *learning new things.*

새로운 거 배우는 것을 정말 좋아해요.

I really like *going for bike rides.*

자전거 타러 가는 걸 정말 좋아해요.

I really like *this TV show.*

이 TV 드라마 정말 좋아해요.

take a bath 목욕하다

그냥 I like ~.라고 해도 좋아하는 것을 표현할 수 있지만, really를 집어넣어서 I really like ~.라고 하면 뭔가를 무척 좋아한다는 걸 강조해서 나타냅니다.

PATTERN CHALLENGE

028

Date. . .

I like your ~.

당신의 ~이 마음에 들어요.

I like your *smartphone.*

당신 스마트폰이 마음에 들어요.

I like your *new hairstyle.*

당신의 새로운 헤어스타일이 마음에 들어요.

I like your *house.*

당신의 집이 마음에 들어요.

I like your *shoes.*

당신의 신발이 마음에 들어요.

I like your *nails.*

당신 손톱한 것이 마음에 들어요.

smartphone 스마트폰(= smart phone) * '휴대전화'는 cell phone

만약 미국 사람과 얘기하다가 상대방이 I like your hair. 혹은 I like your tie.라고 하면 반사적으로 Thank you.라고 하세요. I like your ~.는 '당신의 ~이 마음에 들어요'라는 뜻의 칭찬 표현이니까요.

PATTERN CHALLENGE

029

Date. . .

☐☐☐

I don't like ~.

~을 좋아하지 않아요.

I don't like *spicy food.*

매운 음식을 좋아하지 않아요.

I don't like *my hair.*

내 머리카락을 좋아하지 않아요.

I don't like *dirty jokes.*

야한 농담들을 좋아하지 않아요.

I don't like *his attitude.*

그의 태도가 마음에 안 들어요.

I don't like *the way you talk to me.*

당신이 나한테 말하는 방식이 마음에 안 들어요.

dirty joke 야한 농담, 성적인 농담 **attitude** 태도, 자세, 사고방식

I don't like ~.는 '~을 좋아하지 않아요, ~이 마음에 안 들어요'라는 뜻으로, 자신이 좋아하지 않는 것을 분명하게 밝힐 때 쓰는 패턴입니다.

Date. . .

□□□

I don't really like ~.

~을 별로 안 좋아해요.

I don't really like *eating out.*

외식을 별로 안 좋아해요.

I don't really like *exercising.*

운동하는 거 별로 안 좋아해요.

I don't really like *going shopping.*

쇼핑하러 가는 거 별로 안 좋아해요.

I don't really like *my job.*

전 제 직업을 별로 안 좋아해요.

I don't really like *taking the bus.*

버스 타는 거 별로 안 좋아해요.

eat out 외식하다 take (교통 수단을) 타다

I don't really like ~.는 '~을 별로 좋아하지 않아요, 그다지 좋아하지 않아요'란 의미로, hate라고 말할 정도로 싫어하는 것은 아니지만 정말로 좋아하는 것은 아니라는 것을 나타냅니다.

PATTERN CHALLENGE

031

Date. . .

☐☐☐

I like the way ~.

~하는 방식이 좋아요.

I like the way *you think.*

당신의 사고방식이 좋아요.

I like the way *you look today.*

오늘 당신 스타일이 맘에 들어요.

I like the way *he treats me.*

그 사람이 나를 대하는 방식이 좋아요.

I like the way *she laughs.*

그녀가 그렇게 웃는 게 좋아요.

I like the way *I feel after exercising.*

운동 후의 느낌이 좋아요.

treat 대하다, 다루다

I like the way ~.는 '~하는 방식이 좋아요, 그렇게 ~하는 게 좋아요'란 뜻으로, 이때의 way는 '방식, 방법'을 가리킵니다. 칭찬이나 호감을 전할 때 사용하기 좋은 표현입니다.

PATTERN CHALLENGE

Date. . .

032

□ □ □

I'd like ~.

~하고 싶어요., ~로 하고 싶어요.

I'd like *to write a book.*

책을 쓰고 싶어요.

I'd like *to go to France.*

프랑스에 가고 싶어요.

I'd like *to meet someone new.*

새로운 사람을 만나고 싶어요.

I'd like *an ocean-view suite.*

바다가 보이는 특실로 하고 싶어요.

I'd like *a decaf latte.*

디카페인 라떼로 할게요.

ocean-view 오션뷰(바다가 보이는 전망)

I'd like ~.는 상대방에게 자신의 선호를 내비치는 상황에 쓰거나 가게 등에서 주문할 때 사용되는 패턴입니다. I would like ~.라고 써도 마찬가지입니다.

024

A : What's your favorite food?

B : **I like** *cheeseburgers.*

......

A : **I like** *this movie.*

B : I think it's scary.

A : It's not that bad!

025

A : What do you do on the weekend?

B : **I like to** *watch TV.*

......

A : **I like to** *garden.*

B : Do you grow vegetables?

A : Yes, I do.

026

A : **I like** *shopp***ing.**

B : I do, too!

......

A : **I like** *going to the club.*

B : We should go tonight.

A : Let's do it.

024 A : 가장 좋아하는 음식이 뭐야? B : 난 치즈버거를 좋아해. | A : 난 이 영화가 맘에 들어. B : 무서운 것 같은데. A : 그렇게 무섭지는 않아! 025 A : 주말에 뭐 하니? B : TV 보는 거 좋아해. | A : 난 정원 가꾸는 것을 좋아해. B : 채소도 기르니? A : 응, 길러. 026 A : 난 쇼핑하는 거 좋아해. B : 나도 그래! | A : 나는 클럽 가는 거 좋아해. B : 우리 오늘밤에 가자. A : 그러자.

027

A : How do you relax?

B : **I really like** *taking a bath.*

......

A : **I really like** *this restaurant.*

B : The food here is amazing!

A : My steak was so good.

028

A : **I like your** *smartphone.*

B : It's new!

......

A : **I like your** *shoes.*

B : They're so comfortable.

A : Where did you get them?

029

A : **I don't like** *my hair.*

B : Why not?

A : It's too curly.

......

A : **I don't like** *the way you talk to me.*

B : I'm sorry.

027 A : 넌 어떻게 휴식을 취해? B : 난 목욕하는 거 정말 좋아해. | A : 나 이 음식점 정말 좋아해. B : 여기 음식 끝내주지! A : 내가 먹은 스테이크 정말 맛있었어. 028 A : 네 스마트폰 맘에 든다. B : 새 거야! | A : 네 신발 마음에 든다. B : 정말 편해. A : 어디서 샀어? 029 A : 난 내 머리카락이 맘에 안 들어. B : 왜? A : 너무 곱슬거려. | A : 네가 나한테 말하는 방식이 마음에 안 들어. B : 미안.

☐☐☐

030

A : **I don't really like** *eating out.*

B : We can stay home.

……

A : **I don't really like** *my job.*

B : Are you going to quit?

A : I'm thinking about it.

031

A : Why do you like him?

B : **I like the way** *he treats me.*

……

A : Why do you work out so much?

B : **I like the way** *I feel after exercising.*

A : Maybe I should try it.

032

A : What's your goal?

B : **I'd like** *to write a book.*

……

A : What is your dream vacation?

B : **I'd like** *to go to France.*

030 A : 전 외식을 별로 안 좋아해요. B : 우리 그럼 집에 있어요. | A : 전 제 직업을 별로 안 좋아해요. B : 그만두려고요? A : 생각중입니다. 031 A : 왜 그 사람을 좋아해? B : 그 사람이 나를 대하는 방식이 맘에 들어. | A : 무슨 운동을 그리 열심히 하니? B : 운동 후의 느낌이 좋아. A : 나도 해봐야겠다. 032 A : 당신의 목표는 무엇입니까? B : 책을 쓰고 싶어요. | A : 당신이 꼭 가고 싶은 휴가지는 어디에요? B : 프랑스에 가고 싶어요.

Pattern 033-040

Chapter 05

Would you like ~? / Would you mind -ing ~?

Would you like~?는 상대방에게 무언가를 하고 싶냐고 묻는 정중한 표현입니다. 의문사만 앞에 붙이면 '언제/어디서/무엇을/어떻게 하시겠어요?'라는 뜻으로 쓸 수 있는 만능 표현이 됩니다. 또한 Would you mind -ing ~?로도 정중하게 부탁할 수 있습니다.

PATTERN CHALLENGE
033

Date. . .

☐ ☐ ☐

Would you like ~?

~ 드릴까요?

Would you like *something to drink*?

마실 것 좀 드릴까요?

Would you like *another glass of wine*?

와인 한 잔 더 드릴까요?

Would you like *some dinner*?

저녁 드실래요?

Would you like *the receipt*?

영수증 드릴까요?

Would you like *my phone number*?

제 전화번호 드릴까요?

receipt 영수증 phone number 전화번호, 휴대전화 번호

음식을 권하거나 호의를 베풀며 상대방의 의향을 물을 때 사용하는 패턴입니다. 직접적으로 제안할 때도 흔히 쓰고 식당에서 주문 받을 때도 많이 씁니다.

PATTERN CHALLENGE

034

Date. . .

☐☐☐

Would you like to ~?

~하시겠어요?

Would you like to *grab a bite to eat*?

뭐 좀 드시겠어요?

Would you like to *stay for dinner*?

저녁 드시고 가시겠어요?

Would you like to *order dinner*?

저녁 식사를 주문하시겠어요?

Would you like to *go out sometime*?

시간될 때 놀러가시겠어요?

Would you like to *go on a trip*?

여행을 가시겠어요?

grab a bite to eat (음식을) 먹다

Would you like to ~?는 어떤 행동을 할 것인지에 대한 상대방의 의사를 묻는 공손한 표현으로, to 뒤에는 동사원형을 씁니다. 손님에게 서비스를 제공할 때 자주 사용합니다.

PATTERN CHALLENGE

035

Date.

Would you like some ~?

~ 좀 드실래요?, ~ 좀 드릴까요?

Would you like some *coffee*?

커피 좀 드실래요?

Would you like some *cookies*?

쿠키 좀 드실래요?

Would you like some *pizza*?

피자 좀 드실래요?

Would you like some *help*?

좀 도와드릴까요?

Would you like some *ideas*?

아이디어 좀 드릴까요?

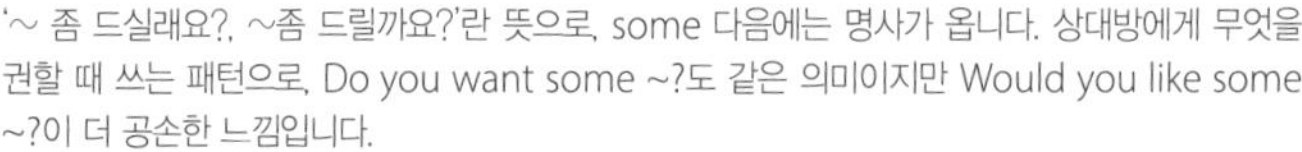

'~ 좀 드실래요?, ~좀 드릴까요?'란 뜻으로, some 다음에는 명사가 옵니다. 상대방에게 무엇을 권할 때 쓰는 패턴으로, Do you want some ~?도 같은 의미이지만 Would you like some ~?이 더 공손한 느낌입니다.

Date. . .

□□□

Would you like me to ~?

제가 ~해 드릴까요?

Would you like me to *call you*?

제가 전화드릴까요?

Would you like me to *wash the dishes*?

제가 설거지를 해 드릴까요?

Would you like me to *pick you up*?

제가 데리러 갈까요?

Would you like me to *plan the trip*?

제가 여행 계획을 짜볼까요?

Would you like me to *put the kids to bed*?

제가 아이들을 재울까요?

wash the dishes 설거지를 하다

직역하면 '당신은 제가 ~하기를 원하세요?'인데, '제가 ~할까요?', 제가 ~해 드릴까요?'로 해석하면 됩니다. to 다음에는 동사원형이 옵니다.

PATTERN CHALLENGE
037

Date. . .

□ □ □

What would you like to ~?

무엇을 ~하고 싶으세요?

What would you like to *talk about*?

어떤 얘기를 하고 싶으세요?

What would you like to *do this weekend*?

이번 주말에 뭘 하고 싶으세요?

What would you like to *make for dinner*?

저녁으로 어떤 음식을 만들고 싶으세요?

What would you like to *get done today*?

오늘 뭘 끝내고 싶으세요?

What would you like to *study in school*?

학교에서 뭘 공부하고 싶으세요?

this weekend 이번 주말에

주로 손님이나 고객에게 사용하여 상대의 의향이나 원하는 바를 물을 때 쓰는 표현입니다. 집에 찾아온 이웃에게도 What would you like to eat?(뭐 드실래요?)라고 쓸 수 있답니다.

PATTERN CHALLENGE

038

Date. . .

Where would you like to ~?

어디로 ~하고 싶어요?

Where would you like to *meet me*?

어디서 만나고 싶어요?

Where would you like to *go for dinner*?

저녁 먹으러 어디로 가고 싶어요?

Where would you like to *go for your birthday*?

생일날 어디 가고 싶어요?

Where would you like to *sit*?

어디에 앉고 싶으세요?

Where would you like to *visit*?

어디를 방문하고 싶으신가요?

Would you like ~?의 응용 패턴으로 장소를 나타내는 where가 붙었죠. 그래서 상대방이 직접 가기를 원하는 지역이나 무언가를 하기 위해 필요한 특정 장소나 위치를 묻는 표현입니다.

PATTERN CHALLENGE
039

Date. . .

☐☐☐

Would you like to think about ~?

~대해 생각해 보시겠어요?

Would you like to think about *buying a better car*?

좀 더 나은 차를 사는 것에 대해 생각해 보시겠어요?

Would you like to think about *getting married*?

결혼하는 것에 대해 생각해 보시겠어요?

Would you like to think about *having a baby*?

아이를 가지는 것에 대해 생각해 보시겠어요?

Would you like to think about *moving in with me*?

나랑 함께 이사 들어오는 것에 대해 생각해 보시겠어요?

Would you like to think about *starting a business*?

사업을 시작하는 것에 대해 생각해 보시겠어요?

have a baby 아이를 가지다 move in 이사 들어오다

상대방에게 어떤 것에 대해 생각해 볼 것을 아주 공손하게 요청하거나 제안하는 표현입니다. 친구 사이에도 정중한 모드로 사용할 수 있습니다.

Date. . .

Would you mind -ing ~?

~해 주시겠어요?

Would you mind *waiting outside*?

밖에서 기다려 주시겠어요?

Would you mind *watering my flowers*?

제 꽃에 물을 좀 주시겠어요?

Would you mind *watching my kids*?

제 아이들 좀 봐주시겠어요?

Would you mind *walking the dog*?

개 좀 산책시켜 주시겠어요?

Would you mind *helping me move*?

저 이사하는 것 좀 도와주시겠어요?

water 물을 주다 walk a dog 개를 산책시키다

mind는 '언짢아하다, 상관하다'라는 뜻으로, mind 뒤에는 항상 '동사+-ing' 형태가 옵니다. 여기에 공손함을 나타내는 Would you를 붙인 Would you mind -ing ~?는 주로 허락을 구하거나 정중히 부탁할 때 쓰는 패턴입니다.

033

A : **Would you like** *something to drink*?

B : I'll have a beer.

......

A : **Would you like** *my phone number*?

B : Yes. I'll call you.

A : I look forward to it.

034

A : **Would you like to** *grab a bite to eat*?

B : Sure, let's go.

......

A : **Would you like to** *go on a trip*?

B : When?

A : This summer.

035

A : **Would you like some** *pizza*?

B : No, thank you.

......

A : What are you looking for?

B : I want a snack.

A : **Would you like some** *cookies*?

036

A : **Would you like me to** *wash the dishes*?

B : I can do it.

A : I'll dry them then.

......

A : **Would you like me to** *pick you up*?

B : That would be great.

A : I'll be there soon.

033 A : 마실 것 좀 드릴까요? B : 맥주로 주세요. | A : 제 전화번호 드릴까요? B : 예. 제가 전화드릴게요. A : 기다리겠습니다. 034 A : 뭐 좀 드시겠어요? B : 좋죠. 갑시다. | A : 여행을 가시겠어요? B : 언제요? A : 이번 여름에요. 035 A : 피자 좀 드실래요? B : 아뇨, 괜찮습니다. | A : 뭘 찾고 계세요? B : 간식을 좀 먹고 싶네요. A : 쿠키 좀 드실래요? 036 A : 설거지를 해 드릴까요? B : 제가 할 수 있어요. A : 그럼 제가 물기를 닦을게요. | A : 제가 데리러 갈까요? B : 그래주면 고맙죠. A : 금방 갈게요.

☐☐☐

037

A : **What would you like to** *make for dinner*?

B : I'm making tacos.

......

A : **What would you like to** *get done today*?

B : I need to clean the house.

A : I'll help you.

038

A : **Where would you like to** *go for your birthday*?

B : I want to go to the club.

......

A : **Where would you like to** *sit*?

B : Let's sit by the window.

A : I'll grab us a seat.

039

A : **Would you like to think about** *having a baby*?

B : I'll think about it.

A : I think I'm ready.

......

A : **Would you like to think about** *moving in with me*?

B : I'll give it some thought.

040

A : **Would you mind** *wait***ing** *outside*?

B : No problem.

......

A : **Would you mind** *water***ing** *my flowers*?

B : I can do that for you.

A : I'll be out of town next week.

037 A : 저녁으로 어떤 음식을 만들고 싶으세요? B : 타코를 요리하려고요. | A : 오늘 뭘 끝내고 싶으세요? B : 집 청소를 해야 합니다. A : 제가 도와드릴게요. 038 A : 네 생일날 어디 가고 싶어? B : 난 클럽 가고 싶어. | A : 어디에 앉고 싶어? B : 우리 창문가에 앉자. A : 내가 자리를 잡을게. 039 A : 아이를 가지는 것을 생각해 볼래? B : 생각해 볼게. A : 난 준비가 된 것 같아. | A : 저랑 함께 이사 들어오는 것에 대해 생각해 보시겠어요? B : 생각 좀 해 볼게요. 040 A : 밖에서 기다려 주시겠어요? B : 알겠습니다. | A : 제 꽃에 물을 좀 주시겠어요? B : 줄 수 있어요. A : 제가 다음 주 출장이라서요.

Part 2

현지에서 활용도가 높은 기본 패턴

간단하지만 막상 말하려면 입이 떨어지지 않는 표현들이 있습니다. That's, Don't처럼 기본적인 표현이지만 뒤에 어떤 말을 붙이느냐에 따라 느낌이 완전히 바뀌는 표현들이죠. 원어민들이 매일 쓰는 문장 중에 그런 표현들만 골랐습니다.

Pattern 041-048

Chapter 06

Don't ~.

무언가를 하지 말라고 말릴 때 쓰는 표현에는 여러 가지가 있습니다. '~하지 마'라고 평범하게 말할 수도 있고, '절대 ~하지 마'라고 강하게 말할 수도 있죠. 또 '~하지 말자'라고 부드럽게 말할 수도 있습니다. 금지할 때 쓸 수 있는 다양한 표현을 패턴으로 배워 볼까요?

PATTERN CHALLENGE

041

Date. . .

Don't be ~.

~하지 마.

Don't be *late.*

늦지 마.

Don't be *rude.*

무례하게 굴지 마.

Don't be *sorry.*

미안해하지 마.

Don't be *jealous.*

질투하지 마.

Don't be *mean to me.*

나한테 못되게 굴지 마.

mean 못된, 심술 부리는

친구나 동료에게 뭔가를 하지 말라고 강하게 말할 때 쓰는 패턴입니다. 앞에 Please를 붙여서 Please don't be ~.라고 하면 좀 더 완곡한 표현이 됩니다.

Date. . .

□□□

Don't be so ~.

너무 ~하지 마.

Don't be so *sure.*

너무 확신하지 마.

Don't be so *sarcastic.*

너무 비꼬지 마.

Don't be so *messy.*

너무 지저분하게 하지 마.

Don't be so *quick to judge.*

너무 속단하지 마.

Don't be so *short with me.*

나한테 너무 퉁명스럽게 굴지 마.

sarcastic 빈정대는, 비꼬는 be short with ~에게 퉁명스럽게 대하다

상대방이 너무 까다롭게 굴거나 상대방의 행동이 과하게 느껴질 때 이를 진정시키고 주의를 주는 표현이에요. so 다음에는 형용사를 넣어 표현하세요.

PATTERN CHALLENGE

043

Date. . .

Don't forget to ~.

~하는 거 잊지 마.

Don't forget to *pick up some milk.*

우유 사는 거 잊지 마.

Don't forget to *lock the door.*

문 잠그는 거 잊지 마.

Don't forget to *call me.*

나한테 전화하는 거 잊지 마.

Don't forget to *feed the dog.*

개 밥 주는 거 잊지 마.

Don't forget to *take a coat.*

코트 가지고 가는 거 잊지 마.

pick up ~을 사다(= buy)　feed 먹이를 주다

해야 할 일, 사야 할 물건, 가져올 것 등 잊으면 안 되는 중요한 일이나 행동을 빠뜨리지 말고 잘 챙기라고 상기시킬 때 쓰는 패턴입니다. 잊어선 안 될 중요한 일에 대해 다시 한 번 당부할 때 쓰면 좋겠죠?

Date. . .

□□□

Don't try to ~.

~하려고 하지 마.

Don't try to *fool me.*

날 놀리려고 하지 마.

Don't try to *lie to me.*

나한테 거짓말하려고 하지 마.

Don't try to *quit.*

그만두려고 하지 마.

Don't try to *wear that.*

그거 입으려고 하지 마.

Don't try to *ignore me.*

날 무시하려고 하지 마.

fool 놀리다 quit 그만두다 ignore 무시하다

'노력하다, 애쓰다'란 뜻의 동사 try 앞에 Don't을 붙인 Don't try to ~. 패턴은 '~하려고 하지 마'라는 뜻으로, 상대방에게 애쓰지 말라고 좋게 타이르거나 헛수고하지 말라고 주의를 줄 때 사용할 수 있습니다.

Date. . .

☐ ☐ ☐

Don't even ~.

~도 하지 마.

Don't even *talk about him.*

그 사람에 대해서는 말도 하지 마.

Don't even *try it.*

시도도 하지 마.

Don't even *say another word.*

한마디도 더 하지 마.

Don't even *worry about it.*

그것에 대해 걱정하지도 마.

Don't even *walk out that door.*

그 문으로 나가지도 마.

익숙하지만 회화에서 잘 활용하지 못하는 단어 중 하나가 바로 even입니다. even을 '심지어'라는 뜻으로만 떠올리니 그런 건데, Don't even ~.처럼 부정문에 '~도'라는 의미로 끼워 넣으면 딱 좋은 표현입니다.

PATTERN CHALLENGE
046

Date. . .

☐☐☐

Don't even think about ~.

~은 생각도 하지 마.

Don't even think about *it.*

그건 생각도 하지 마.

Don't even think about *drinking my beer.*

내 맥주 마실 생각도 하지 마.

Don't even think about *sitting there.*

거기 앉을 생각도 하지 마.

Don't even think about *dating my daughter.*

내 딸이랑 데이트할 생각도 하지 마.

Don't even think about *stealing my idea.*

내 아이디어를 뺏을 생각도 하지 마.

Don't even think about ~.은 강력하게 거절 의사를 표현하거나 상대방에게 강하게 경고하는 상황에서 쓰는 패턴인데요, 한 마디로 꿈 깨라는 의미가 되겠네요.

Date. . .

Don't hesitate to ~.

주저하지 말고 ~하세요.

Don't hesitate to *call.*

주저하지 말고 전화하세요.

Don't hesitate to *send me an email.*

주저하지 말고 저한테 이메일 보내세요.

Don't hesitate to *contact me.*

주저하지 말고 저한테 연락주세요.

Don't hesitate to *ask questions.*

주저하지 말고 질문하세요.

Don't hesitate to *ask for help.*

주저하지 말고 도움을 요청하세요.

contact 연락하다

동사 hesitate는 '주저하다, 망설이다, 꺼리다'라는 뜻으로, Don't hesitate to ~.는 상대방이 혹시나 망설이거나 주저할지도 모르는 것을 배려해서 '주저하지 말고 ~하세요, 망설이지 말고 ~하세요' 하고 미리 얘기해 주는 친절한 패턴입니다.

PATTERN CHALLENGE
048

Date. . .

□□□

Don't you ever ~.

어떠한 경우에도 ~하지 마.

Don't you ever *say that again.*

어떠한 경우에도 다시는 그런 말 하지 마.

Don't you ever *think about quitting.*

어떠한 경우에도 그만둔다는 생각은 하지 마.

Don't you ever *leave me.*

어떠한 경우에도 날 떠나지 마.

Don't you ever *slam this door.*

어떠한 경우에도 이 문을 세게 닫지 마.

Don't you ever *drive drunk.*

어떠한 경우에도 술 먹고 운전하지 마.

slam (문 등을) 쾅 닫다

동료나 친구, 연인 사이에 '어떠한 경우에도 ~하면 안 된다'라고 말할 때 쓰면 좋은 패턴입니다. ever를 써서 절대로 하지 말라는 의미를 강조해 보세요.

041

A : I'm so sorry I'm late!

B : **Don't be** *sorry.*

……

A : She spends so much money on clothes.

B : **Don't be** *jealous.*

042

A : She looks homeless.

B : **Don't be so** *quick to judge.*

……

A : Your room is a disaster.

B : I think it's okay.

A : **Don't be so** *messy.*

043

A : **Don't forget to** *lock the door.*

B : I won't forget!

……

A : **Don't forget to** *pick up some milk.*

B : Do you need anything else?

A : Get some bread, too!

044

A : **Don't try to** *wear that.*

B : Why not?

……

A : I hate this job.

B : **Don't try to** *quit.*

A : I won't.

041 A : 늦어서 정말 미안! B : 미안해하지 마. | A : 걔는 옷에 돈을 정말 많이 쓴다니까. B : 질투하지 마. 042 A : 그 여자분 노숙자같아. B : 너무 속단하지 마. | A : 네 방 완전 엉망이네. B : 괜찮은 거 같은데. A : 너무 지저분하게 하지 마. 043 A : 문 잠그는 거 잊지 마. B : 안 잊을게! | A : 우유 사는 거 잊지 마. B : 다른 거 뭐 필요한 거 있어? A : 빵도 좀 사! 044 A : 그거 입으려고 하지 마. B : 왜 안 되는데? | A : 난 이 일 진짜 싫어. B : 그만두려고 하지 마. A : 안 그럴게.

045

A : I did a bad job on my test.

B : **Don't even** *worry about it.*

……

A : **Don't even** *walk out that door.*

B : I'm leaving!

A : If you leave, don't come back.

046

A : **Don't even think about** *sitting there.*

B : I was here first!

……

A : **Don't even think about** *drinking my beer.*

B : I'll get my own.

A : You better.

047

A : **Don't hesitate to** *call.*

B : I won't.

……

A : **Don't hesitate to** *send me an email.*

B : I don't have your email address.

A : Let me write it down for you.

048

A : I hate myself.

B : **Don't you ever** *say that again.*

……

A : I'm giving up.

B : **Don't you ever** *think about quitting.*

045 A : 나 시험 망쳤어. B : 그것에 대해 걱정하지도 마. | A : 그 문으로 나가지도 마. B : 나 갈 거야! A : 너 나가면, 다시는 돌아오지 마. 046 A : 거기 앉을 생각도 하지 마. B : 내가 먼저 왔거든! | A : 내 맥주 마실 생각도 하지 마. B : 내 건 내가 살게. A : 당연히 그래야지. 047 A : 주저하지 말고 전화해. B : 그럴게. | A : 주저하지 말고 나한테 이메일 보내. B : 네 이메일 주소가 없는데. A : 적어줄게. 048 A : 내 자신이 너무 싫어. B : 어떤 경우에도 다시는 그런 말 하지 마. | A : 난 포기다 포기. B : 어떠한 경우에도 그만둔다는 생각은 하지 마.

Chapter 07

I'm sorry ~.

sorry는 미안하다고 사과할 때만 쓰는 줄 알고 있는 분들이 많습니다. 하지만 '~라니 유감이에요', '~가 안됐어요' 등 미안한 상황뿐 아니라 다양한 상황에서 자신의 유감을 표현하는 말로 쓸 수 있습니다.

- 049 I'm sorry to ~.
- 050 I'm sorry about ~.
- 051 I'm sorry for ~.
- 052 I'm sorry I can't ~.
- 053 I'm sorry, but ~.
- 054 I'm sorry to say ~.
- 055 I'm so sorry if I ~.
- 056 I feel sorry for ~.

PATTERN CHALLENGE

Date. . .

049

☐☐☐

I'm sorry to ~.

~해서 죄송해요.

I'm sorry to *wake you up.*

깨워서 죄송해요.

I'm sorry to *call you late at night.*

밤 늦게 전화해서 죄송해요.

I'm sorry to *make you worry.*

걱정 끼쳐 드려서 죄송해요.

I'm sorry to *tell you this.*

이런 말씀을 드려서 죄송해요.

I'm sorry to *make you angry.*

화나게 해서 죄송해요.

late at night 늦은 밤에

잘못된 행동이나 일에 대해 양해를 구하거나 미안함을 나타낼 때 유용하게 쓸 수 있는 표현입니다. to 다음에는 동사원형을 씁니다.

PATTERN CHALLENGE

050

Date. . .

☐ ☐ ☐

I'm sorry about ~.

~에 대해서 죄송해요.

I'm sorry about *the decision I made.*

제가 한 결정에 대해서 죄송해요.

I'm sorry about *what I said.*

제가 말한 것에 대해서 죄송해요.

I'm sorry about *being late.*

늦어서 죄송해요.

I'm sorry about *hurting your feelings.*

당신의 감정을 상하게 해서 죄송해요.

I'm sorry about *wrecking your car.*

당신 차를 고장내서 죄송해요.

wreck (건물, 차 등을) 망가뜨리다

자신이 한 실수나 잘못된 행동에 대해 사과할 때 쓰는 표현이에요. about 뒤에는 명사나 동사의 -ing 형태를 넣는 것을 기억하세요.

Date. . .

051

□□□

I'm sorry for ~.

~해서 죄송해요.

I'm sorry for *calling earlier.*

더 일찍 전화해서 죄송해요.

I'm sorry for *interrupting your meeting.*

회의를 방해해서 죄송해요.

I'm sorry for *upsetting you.*

화나게 해 드려서 죄송해요.

I'm sorry for *hurting you.*

상처를 드려서 죄송해요.

I'm sorry for *not listening to you.*

당신 말을 듣지 않아서 죄송해요.

interrupt 방해하다

상대방에게 자신이 한 일에 대해 미안한 마음을 전하며 사과하고 싶을 때 쓰는 패턴입니다. 전치사 for 다음에 동사의 -ing 형태가 오며, 하지 않은 것에 대해 사과할 때는 for 다음에 not을 써서 부정의 형태로 만듭니다.

PATTERN CHALLENGE

Date. . .

052

□□□

I'm sorry I can't ~.

~할 수 없어서 미안해요.

I'm sorry I can't *help you.*

도와주지 못해서 미안해요.

I'm sorry I can't *figure this out.*

제가 이것을 해결할 수 없어서 미안해요.

I'm sorry I can't *make it.*

제가 할 수가 없어서 미안해요.

I'm sorry I can't *get this done in time.*

이것을 제때에 못 끝내서 미안해요.

I'm sorry I can't *cover for you.*

당신 일을 대신 봐 주지 못해 미안해요.

make it 할 수 있다, (제때에) 도착할 수 있다, 참석할 수 있다

I'm sorry I can't ~.는 '~할 수 없어서 미안해요'란 뜻으로, 어떤 일을 해 줄 수 없는 것에 대해 미안한 마음을 전할 때 쓰는 패턴입니다.

Date. . .

□□□

I'm sorry, but ~.

죄송하지만 ~해요.

I'm sorry, but *I have to go.*

죄송하지만 전 가야겠어요.

I'm sorry, but *who are you?*

죄송하지만 누구시죠?

I'm sorry, but *I can't recognize you.*

죄송하지만 당신을 못 알아보겠어요.

I'm sorry, but *I quit.*

죄송하지만 저 그만둘게요.

I'm sorry, but *it's not funny.*

죄송하지만 웃을 일이 아닙니다.

recognize 알아보다 quit 그만두다

상대방이 기대하는 답변을 해줄 수 없을 때 공손하고 정중하게 자신의 의사를 전달하는 패턴입니다. 부탁이나 제안을 거절할 때, 상대방과 의견이 다를 때, 부정적인 소식을 전할 때처럼 내가 하려는 말이 상대방이 기대하는 답변이 아니라고 판단되면 I'm sorry, but ~.을 쓰세요.

Date. . .

I'm sorry to say ~.

~라는 말씀을 드리게 되어 죄송해요.

I'm sorry to say *it to you.*

당신에게 이런 말씀을 드리게 되어 죄송해요.

I'm sorry to say *I can't make it tonight.*

오늘밤 갈 수 없다는 말씀을 드리게 되어 죄송해요.

I'm sorry to say *I'll have to miss it.*

참석할 수 없다는 말씀을 드리게 되어 죄송해요.

I'm sorry to say *I have to move out.*

이사를 나가야 한단 말씀을 드리게 되어 죄송해요.

I'm sorry to say *it's not clear.*

내용이 분명하지 않다는 말씀을 드리게 되어 죄송해요.

move out 이사 나가다

사소하게는 친구에게 섭섭한 말을 할 때부터 직원을 해고하는 상황에 이르기까지 안 좋은 사건이나 소식을 전해야 할 때 말을 꺼내는 패턴입니다. I'm sorry to tell you that ~.으로 바꾸어도 같은 의미랍니다.

Date. . .

I'm so sorry if I ~.

~라면 정말 죄송해요.

I'm so sorry if I *woke you up.*

당신을 깨웠다면 정말 죄송해요.

I'm so sorry if I *offended you.*

당신의 기분을 상하게 했다면 정말 죄송해요.

I'm so sorry if I *upset you.*

당신을 화나게 했다면 정말 죄송해요.

I'm so sorry if I *hurt your feelings.*

당신의 감정을 상하게 했다면 정말 죄송해요.

I'm so sorry if I *gave you my cold.*

당신에게 제 감기를 옮겼다면 정말 죄송해요.

offend 감정을 상하게 하다, 공격하다

자신이 의도한 것은 아니지만 무심코 저지른 실수, 부적절한 행동에 대해 양해를 구하는 패턴입니다. 고의로 한 행동이 아니라는 것을 상대방에게 납득시키는 표현이지만, 상황에 따라서는 약간 비꼬는 말로도 사용됩니다.

Date. . .

I feel sorry for ~.

~이 안됐어요.

I feel sorry for *her.*

그녀가 안됐어요.

I feel sorry for *my brother.*

내 동생이 안됐어요.

I feel sorry for *your father.*

당신 아버지가 안됐어요.

I feel sorry for *your loss.*

고인의 명복을 빕니다.

I feel sorry for *failing the test.*

시험에 떨어져서 안됐어요.

힘들고 어렵거나 불행한 상황에 처해 있는 사람에 대해 동정이나 연민, 안타까움을 나타내는 패턴이에요. feel 대신 be동사를 써서 I'm sorry for ~.라고 해도 됩니다.

049

A : **I'm sorry to** *wake you up.*

B : It's okay.

......

A : I was worried about you!

B : **I'm sorry to** *make you worry.*

A : I'm just glad you're home.

050

A : **I'm sorry about** *the decision I made.*

B : Don't worry about it.

......

A : **I'm sorry about** *being late.*

B : It's okay.

A : I'll make up the time.

051

A : **I'm sorry for** *interrupting your meeting.*

B : It's no problem.

......

A : **I'm sorry for** *hurting you.*

B : Thank you for apologizing.

052

A : Did you solve the problem?

B : **I'm sorry I can't** *figure this out.*

......

A : **I'm sorry I can't** *help you.*

B : That's okay.

049 A : 깨워서 죄송해요. B : 괜찮습니다. | A : 걱정했어요! B : 걱정 끼쳐 드려서 죄송해요. A : 당신이 집에 와서 기뻐요. 050 A : 제가 한 결정에 대해서 죄송해요. B : 걱정 마세요. | A : 늦어서 죄송해요. B : 괜찮습니다. A : 나중에 보충할게요. 051 A : 회의를 방해해서 죄송해요. B : 괜찮습니다. | A : 상처를 드려서 죄송해요. B : 사과해 줘서 고마워요. 052 A : 문제 풀었어요? B : 제가 이것을 풀 수가 없어서 미안해요. | A : 도와주지 못해서 미안해. B : 괜찮아.

□□□

053

A : **I'm sorry, but** *who are you?*

B : I'm your old neighbor.

......

A : What did you want to tell me?

B : **I'm sorry, but** *I quit.*

A : Why would you quit?

054

A : Did you read through my report? What did you think of it?

B : **I'm sorry to say** *it's not clear.*

......

A : Will you be at the party?

B : **I'm sorry to say** *I can't make it tonight.*

055

A : That was really mean!

B : **I'm so sorry if I** *upset you.*

......

A : I think I'm getting sick.

B : **I'm so sorry if I** *gave you my cold.*

A : I'm sure I'll be okay.

056

A : Lisa is really sick.

B : **I feel sorry for** *her.*

......

A : **I feel sorry for** *my brother.*

B : What happened?

A : He got into a car accident.

053 A : 죄송하지만 누구시죠? B : 저는 옆집 사는 사람이에요.(전부터 옆집에 살고 있어요.) | A : 저한테 말하고 싶었던 게 뭐죠? B : 죄송하지만 저 그만둘게요. A : 왜 그만두려고요? 054 A : 내 보고서 꼼꼼히 읽어봤어? 어땠어? B : 내용이 분명하지 않다는 말을 하게 돼서 미안해. | A : 파티에 올 거야? B : 오늘밤 갈 수 없다는 말을 하게 되어 미안해. 055 A : 그건 진짜 나빴어! B : 내가 널 화나게 했다면 정말 미안해. | A : 제가 좀 아픈 것 같습니다. B : 당신에게 제 감기를 옮겼다면 정말 죄송해요. A : 괜찮아질 거예요. 056 A : Lisa가 정말 아파. B : 그녀가 안됐어. | A : 내 동생이 안됐어. B : 무슨 일이 있었는데? A : 교통사고가 났어.

Pattern 057-064

Chapter 08

Let me ~.

let은 '~하게 하다'라는 뜻의 사역동사로, 남에게 무언가를 시키는 동사입니다. Let me ~.는 '저를 ~하도록 해 줘요'라는 뜻으로, 명령문보다는 덜 직접적인 표현이죠. 예를 들어 Let me know ~. 패턴은 '~을 알려 줘요'가 아닌 '제가 ~을 알게 해 줘요'라는 어감입니다.

Date. . .

Let me ~.

제가 ~할게요.

Let me *try.*

제가 해 볼게요.

Let me *give you a hand.*

제가 도와드릴게요.

Let me *take care of this.*

이거 제가 처리할게요.

Let me *give you a lift.*

제가 태워 드릴게요.

Let me *pick up the tab.*

제가 계산할게요.

take care of ~을 처리하다, 수습하다 pick up the tab 지불하다, 계산하다

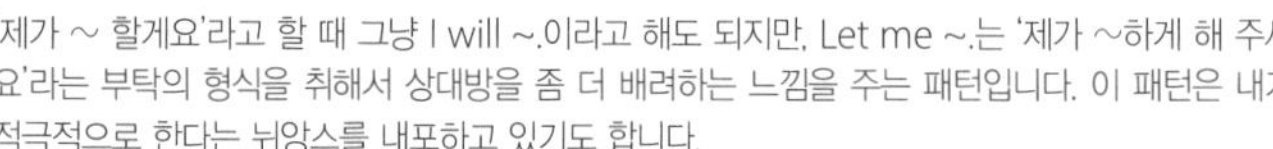

'제가 ~ 할게요'라고 할 때 그냥 I will ~.이라고 해도 되지만, Let me ~.는 '제가 ~하게 해 주세요'라는 부탁의 형식을 취해서 상대방을 좀 더 배려하는 느낌을 주는 패턴입니다. 이 패턴은 내가 적극적으로 한다는 뉘앙스를 내포하고 있기도 합니다.

Date. . .

PATTERN CHALLENGE

058

□ □ □

Let me tell you ~.

~을 말해 줄게요.

Let me tell you *something.*

할 말이 있는데요.

Let me tell you *why.*

이유를 말해 줄게요.

Let me tell you *again.*

다시 말해 줄게요.

Let me tell you *what you should do.*

당신이 무엇을 해야 하는지 말해 줄게요.

Let me tell you *some advice.*

약간의 조언을 드릴게요.

advice 조언

Let me tell you ~.는 직역하면 '제가 당신에게 ~을 말하게 해 주세요'인데, '제가 당신에게 ~을 말해 줄게요'라는 의미로 보면 됩니다. 어떤 이야기를 꺼내기 전에 상대방이 자신의 얘기에 귀 기울이게 할 때 사용하면 좋습니다.

Date. . .

□□□

Let me explain ~.

~을 설명드릴게요.

Let me explain *it to you.*

제가 설명드릴게요.

Let me explain *it again.*

다시 한 번 설명드릴게요.

Let me explain *what happened.*

어떻게 된 건지 설명드릴게요.

Let me explain *why I was late.*

제가 왜 지각했는지 설명드릴게요.

Let me explain *my position.*

제 입장을 설명드릴게요.

position 입장, 태도, 처지

뭔가를 설명하기 전에 상대방의 주의를 집중시킬 때 아주 많이 사용합니다. '제가 ~을 설명할 수 있게 해 주세요'라는 부탁의 형식을 취해서 공손한 느낌을 더한 표현입니다.

Date. . .

☐☐☐

Let me know ~.

~을 알려 주세요.

Let me know *what I should do.*

제가 뭘 해야 하는지 알려 주세요.

Let me know *how you're feeling.*

지금 기분이 어떤지 제게 알려 주세요.

Let me know *when you leave.*

출발할 때 알려 주세요.

Let me know *if he likes it.*

그분이 그걸 맘에 들어 하시는지 좀 알려 주세요.

Let me know *if I should come over.*

제가 가야 하는지 어떤지 알려 주세요.

come over 방문하다, 들르다

무언가를 알려 달라고 청하는 표현으로, Let me know what ~.(뭘 ~하는지 알려 주세요), Let me know if ~.(~인지 아닌지 알려 주세요) 등의 형태로 사용됩니다.

PATTERN CHALLENGE

061

Date. . .

☐☐☐

Let me see if ~.

~인지 볼게요.

Let me see if *I'm free.*

제가 시간이 있는지 볼게요.

Let me see if *I can help.*

제가 도울 수 있는지 볼게요.

Let me see if *there's anything I can do.*

제가 할 수 있는 일이 있는지 볼게요.

Let me see if *she's available.*

그녀가 있는지 한번 볼게요.

Let me see if *there is some coffee left.*

남은 커피가 있는지 한번 볼게요.

Let me see if ~.는 어떤 일이나 상황이 가능한지 아닌지 한번 살펴봐야 하는 상황에서 쓰는 패턴입니다. 여기서 see는 '확인하다, 알아보다'라는 뜻이고 if는 '~인지 아닌지'라는 뜻입니다.

Date.

Let me check ~.

~을 확인해 볼게요.

Let me check *the time.*

제가 시간을 확인해 볼게요.

Let me check *my messages.*

제 메시지를 확인해 볼게요.

Let me check *my schedule first.*

제 스케줄을 먼저 확인해 볼게요.

Let me check *on your order.*

제가 당신 주문을 확인해 볼게요.

Let me check *if it works well.*

잘 되고 있는지 확인해 볼게요.

check on ~을 확인하다

보통 약속을 잡기 전에 "내 스케줄 좀 확인해 보고"라는 말을 자주 하죠? 이렇게 약속을 잡거나 사실 여부를 확인할 때, 학교나 직장에서 이런저런 것들을 체크할 때 등 여러 용도로 활용할 수 있는 패턴입니다.

Date. . .

Let me show ~.

~을 보여드릴게요.

Let me show *you the answer.*

답을 보여드릴게요.

Let me show *you the way.*

방법을 보여드릴게요.

Let me show *you what I have.*

제가 가지고 있는 것을 보여드릴게요.

Let me show *you how to do it.*

그것을 어떻게 하는지 보여줄게요.

Let me show *you how to tie your skates.*

스케이트를 어떻게 묶는지 보여줄게요.

tie (넥타이, 신발끈 등을) 묶다, 매다

Let me show ~.는 본인이 가지고 있는 계획을 알려주거나, 어떤 것을 하는 방법을 보여주는 등 누군가에게 무엇을 보여준다고 할 때 쓸 수 있는 만능 패턴입니다.

PATTERN CHALLENGE

064

Date. . .

□ □ □

Let me think about ~.

~에 대해 생각해 볼게요.

Let me think about *it.*

그것에 대해 생각해 볼게요.

Let me think about *your proposal.*

당신의 제안에 대해 생각해 볼게요.

Let me think about *what you said.*

말씀하신 것에 대해 생각해 볼게요.

Let me think about *what I want.*

내가 뭘 원하는지에 대해 생각해 볼게요.

Let me think about *what this means.*

이게 무슨 의미인지 생각해 볼게요.

proposal 제안, 제안서

어떤 제안에 대해 당장 대답하기 곤란하거나 생각할 시간이 필요하다고 이야기할 때 사용할 수 있는 패턴입니다. 간단히 Let me think about it.(생각해 볼게요.)이라고도 자주 씁니다.

057

A : I'm going to walk home.

B : **Let me** *give you a lift.*

……

A : This place is a mess!

B : I'm going to clean it up.

A : **Let me** *give you a hand.*

058

A : I don't understand why she left.

B : **Let me tell you** *why.*

……

A : I'm not sure what I should do.

B : **Let me tell you** *some advice.*

A : Okay. What would you do?

059

A : I don't understand this!

B : **Let me explain** *it again.*

……

A : **Let me explain** *why I was late.*

B : This had better be good.

060

A : **Let me know** *how you're feeling.*

B : I'm feeling better.

……

A : It'll take about 30 minutes to get there.

B : **Let's me know** *when you leave.*

057 A : 전 걸어서 집에 가려고요. B : 제가 태워 드릴게요. | A : 여기 난장판이네요. B : 제가 청소하려고 합니다. A : 제가 도와드릴게요. 058 A : 왜 그녀가 떠났는지 이해가 안 돼요. B : 이유를 말해 줄게요. | A : 제가 뭘 해야 할지를 모르겠어요. B : 약간의 조언을 드릴게요. A : 좋아요. 당신이라면 어떻게 하시겠어요? 059 A : 전 이게 이해가 안 돼요! B : 다시 한 번 설명드릴게요. | A : 내가 왜 지각했는지 설명할게. B : 별거 아니기만 해. 060 A : 지금 기분이 어떤지 제게 알려 주세요. B : 한결 나아졌어요. | A : 거기 가려면 30분 정도 걸릴 거야. B : 출발할 때 알려줘.

□□□

061

A : Can I speak to a manager?

B : **Let me see if** *she's available.*

......

A : I'll have a large coffee.

B : **Let me see if** *there is some coffee left.*

A : I can wait.

062

A : Can you make it tonight?

B : **Let me check** *my schedule first.*

......

A : Is my meal ready?

B : **Let me check** *on your order.*

A : It's been a long time.

063

A : How's the project going?

B : **Let me show** *you what I have.*

......

A : I can't solve the problem.

B : **Let me show** *you the answer.*

A : No! I don't want to cheat.

064

A : **Let me think about** *your proposal.*

B : Don't think too long.

......

A : I think we should move in together.

B : **Let me think about** *it.*

061 A : 매니저랑 얘기를 좀 할 수 있을까요? B : 매니저 님이 계신지 한번 볼게요. | A : 큰 사이즈 커피로 하겠습니다. B : 남은 커피가 있는지 한번 볼게요. A : 기다릴게요. 062 A : 오늘 저녁에 올 수 있어요? B : 제 스케줄을 먼저 확인해 볼게요. | A : 제가 주문한 음식 나오나요? B : 손님 주문을 확인해 보겠습니다. A : 오래 기다려서요. 063 A : 프로젝트는 어떻게 돼 가고 있죠? B : 어디까지 했는지 보여드릴게요. | A : 이 문제 못 풀겠어. B : 답 보여줄게. A : 아냐! 컨닝하고 싶지 않아. 064 A : 당신의 제안에 대해 생각해 볼게요. B : 너무 오래 생각은 마시고요. | A : 우리 함께 이사 들어와야 할 것 같아. B : 생각해 볼게.

Pattern  065-071

Chapter 09

There is ~. / There are ~.

There is ~. / There are ~.는 '저기에 ~가 있어요'가 아니라 '~가 있어요'라고 해석해야 합니다. 더 나아가 물건이 있다 없다 할 때만 쓰는 것이 아니라 '~할 방법이 있어요', '~할 것이 없어요', '~일 리 없어요' 등으로 다양하게 변형되어 쓰이기도 합니다.

065 There is some ~.

066 There are so many ~.

067 There are a lot of ~.

068 There are a number of reasons ~.

069 Are there any ~?

070 Is there anything ~?

071 Are there many ~?

PATTERN CHALLENGE

065

Date. . .

There is some ~.

~이 조금 있어요.

There is some *water on the floor.*

바닥에 물이 조금 있어요.

There is some *money in my wallet.*

제 지갑에 돈이 조금 있어요.

There is some *work to be done.*

해야 할 일이 조금 있어요.

There is some *milk in the refrigerator.*

냉장고에 우유가 조금 있어요.

There is some *wood for the fire outside.*

불 피울 나무가 밖에 조금 있어요.

refrigerator 냉장고(= fridge)

There is some ~.은 어떤 것이 조금 있다, 어떤 것을 조금 가지고 있다는 것을 나타낼 때 쓰는 표현입니다. There is some 다음에는 water, money, work, milk 등과 같이 셀 수 없는 명사가 옵니다.

Date. . .

□□□

There are so many ~.

~이 너무 많아요.

There are so many *kids at the park.*

공원에 아이들이 너무 많아요.

There are so many *people in line.*

줄 선 사람들이 너무 많아요.

There are so many *options for lunch.*

점심 선택이 너무 많아요.

There are so many *problems at work.*

회사에 문제들이 너무 많아요.

There are so many *jobs I need to finish.*

끝내야 할 일이 너무 많아요.

There are so many ~.는 어떤 것이 아주 많다는 것을 나타내는 표현입니다. There are so many 뒤에는 people, things, jobs처럼 셀 수 있는 명사의 복수형이 옵니다.

Date. . .

□□□

There are a lot of ~.

~이 많아요.

There is a lot of *noise here.*

여긴 소음이 심해요.

There is a lot of *sugar in this.*

여기에는 설탕이 많이 들어가 있어요.

There is a lot of *traffic.*

차가 엄청 막혀요.

There are a lot of *fish in the sea.*

세상에 남자/여자는 많아요.

There are a lot of *cars for sale.*

판매중인 차들이 많아요.

noise 소음 for sale 팔려고 내놓은

There is/are a lot of ~. 패턴에서 a lot of 다음에 food, traffic, sugar같이 셀 수 없는 명사가 오면 There is a lot of ~.를 쓰고, cars, things처럼 셀 수 있는 복수 명사가 오면 There are a lot of ~.를 씁니다.

Date.

□□□

There are a number of reasons ~.

~한 이유가 몇 가지 있어요.

There are a number of reasons *why I'm late.*

제가 늦은 이유가 몇 가지 있어요.

There are a number of reasons *for my decision.*

내 결정에 대한 이유가 몇 가지 있어요.

There are a number of reasons *I don't like him.*

내가 그를 좋아하지 않는 이유가 몇 가지 있어요.

There are a number of reasons *I chose this one.*

내가 이것을 선택한 이유가 몇 가지 있어요.

There are a number of reasons *for me moving.*

내가 이사하는 이유가 몇 가지 있어요.

우리는 지금까지 a number of를 many(많은)의 뜻이라고 일괄적으로 외웠습니다. 그러나 사실 a number of는 more than a few but not many(적지 않지만 많지도 않은)이란 뜻으므로 some(얼마간의)이나 several(몇 가지의)의 의미로 봐야 합니다.

Are there any ~? ~이 있나요?

Are there any *eggs left*?

남은 달걀이 있나요?

Are there any *questions*?

질문 있나요?

Are there any *other choices*?

다른 선택지들이 있나요?

Are there any *instructions*?

사용 설명서가 있나요?

Are there any *headphones I can use*?

제가 사용할 수 있는 헤드폰이 있나요?

instruction 사용 설명서

상대방에게 무언가가 있을 가능성이나 존재 여부를 묻는 표현으로, 어떤 것을 찾을 때 흔히 씁니다. Are there any ~? 뒤에는 복수 명사를 쓰는 것 잊지 마세요.

PATTERN CHALLENGE

070

Date. . .

Is there anything ~?

~한 게 있나요?

Is there anything *to do*?

뭐 할 게 있나요?

Is there anything *to eat*?

먹을 게 있나요?

Is there anything *going on this weekend*?

이번 주말에 일이 있나요?

Is there anything *I can do to help*?

제가 도울 일이 있나요?

Is there anything *you want at the store*?

가게에서 원하는 게 있나요?

go on 일어나다, 벌어지다

Is there anything ~?은 혹시나 필요하거나 원하는 게 있는지 상대방에게 한 번 더 체크할 때 자주 쓰는 패턴입니다. 반면 Is there something ~?을 쓰면 더블체크하는 차원이 아니고 잘 모르는 상황이나 긴가민가하는 상태에서 막연하게 물어보는 패턴입니다.

Are there many ~?

~이 많나요?

Are there many *students in this class*?

이 수업에 학생들이 많나요?

Are there many *places to shop*?

쇼핑할 곳이 많나요?

Are there many *restaurants around here*?

이 근처에 식당들이 많나요?

Are there many *employees here*?

여긴 종업원들이 많나요?

Are there many *job-hoppers in Korea*?

한국에는 직장을 옮기는 사람이 많나요?

job-hopper 직장을 옮기는 사람

Are there many ~?는 어떤 것이 많이 있는지 여부를 묻는 질문입니다. many 다음에는 복수 명사를 쓴다는 것을 반드시 명심하기 바랍니다.

065

A : I'm going to start a fire.

B : **There is some** *wood for the fire outside.*

……

A : **There is some** *work to be done.*

B : Let's get started.

066

A : Why are you working late again?

B : **There are so many** *problems at work.*

……

A : **There are so many** *options for lunch.*

B : I think I'll just get a cheeseburger.

A : That sounds really good.

067

A : I need to look for a new car.

B : **There are a lot of** *cars for sale.*

……

A : I'll never meet someone.

B : **There are a lot of** *fish in the sea.*

A : None of them is right for me!

068

A : Why did you dump him?

B : **There are a number of reasons** *I don't like him.*

……

A : Why did you choose me for the job?

B : **There are a number of reasons** *for my decision.*

A : Can you share them with me?

065 A : 불을 좀 지피려고 해요. B : 불 피울 나무가 밖에 조금 있어요. | A : 해야 할 일이 좀 있어요. B : 시작합시다. 066 A : 왜 또 야근하고 그래? B : 회사에 문제들이 너무 많아서. | A : 점심 선택이 너무 많아. B : 난 그냥 치즈버거 먹을 생각이야. A : 탁월한 선택인 듯. 067 A : 나 새 차 사야 돼. B : 판매중인 차들이 많아. | A : 나 아무도 안 만날 거야. B : 세상에 남자/여자는 많아. A : 나한테 맞는 사람이 없어! 068 A : 너 왜 걔 차버렸어? B : 내가 걔를 안 좋아하는 이유가 몇 가지 있어. | A : 왜 그 자리에 저를 선택하셨나요? B : 제가 결정을 한 이유가 몇 가지 있어요. A : 저에게 좀 알려주실 수 있을까요?

069

A : **Are there any** *eggs left*?

B : We have a few.

......

A : I don't know how to put this together.

B : **Are there any** *instructions*?

A : I didn't see any.

070

A : I'm moving this weekend.

B : **Is there anything** *I can do to help*?

......

A : **Is there anything** *you want at the store*?

B : I'd like some wine.

071

A : **Are there many** *students in this class*?

B : We have 24 students in this class.

......

A : **Are there many** *restaurants around here*?

B : There are a bunch!

A : What would you recommend for dinner?

069 A : 남은 달걀 좀 있어? B : 몇 개 있어. | A : 이걸 어떻게 조립하는지 모르겠네. B : 사용 설명서 있어? A : 못 봤어. 070 A : 나 이번 주말에 이사해. B : 내가 도와줄 게 있니? | A : 가게에서 원하는 게 있어? B : 와인 좀 부탁해. 071 A : 이 수업에 학생들이 많나요? B : 이 반엔 24명의 학생들이 있습니다. | A : 이 근처에 식당들이 많나요? B : 많아요! A : 저녁 먹으려는데 추천 좀 해주실래요?

Pattern 072-080

Chapter 10

That's ~.

That's ~. 패턴은 저기 있는 물건이 무엇인지 설명할 때만 쓰는 것으로 아는 분들이 많습니다. 하지만 뒤에 why, what, because 등을 붙이면 원인과 결과를 설명하는 말이 될 수도 있어요. 아주 기초적인 패턴을 조금만 변형해도 멋진 문장을 만들 수 있다는 좋은 예입니다.

Date. . .

□□□

That's why ~.

그래서 ~한 거예요.

That's why *we are here.*

그래서 우리가 여기에 온 거예요.

That's why *I picked this one.*

그래서 제가 이걸 고른 거예요.

That's why *we are late.*

그래서 우리가 늦은 거예요.

That's why *I asked for help.*

그래서 제가 도움을 요청했던 거예요.

That's why *he's limping.*

그래서 그가 절뚝거리며 걷는 거예요.

limp 다리를 절다, 절뚝거리다

That's why ~.는 주로 이전에 언급한 내용에 대해 결론을 내릴 때 쓰는 패턴입니다. 상대방의 말에 맞장구를 치거나 적극적으로 동의하는 의사를 나타낼 때 주로 사용합니다.

PATTERN CHALLENGE

073

Date. . .

That's because ~.

그건 ~ 때문이에요.

That's because *she's very rude.*

그건 그녀가 매우 무례하기 때문이에요.

That's because *he makes big money.*

그건 그 사람이 큰돈을 벌기 때문이에요.

That's because *it was raining.*

그건 비가 내렸기 때문이에요.

That's because *you lied to them.*

그건 당신이 그들에게 거짓말을 했기 때문이에요.

That's because *I was early.*

그건 내가 일찍 도착했기 때문이에요.

make big money 큰돈을 벌다

앞에서 That's why ~.는 결론을 나타내는 패턴이라고 했죠? That's because ~.는 반대로 먼저 언급된 결론에 대해 그것이 무엇 때문이라고 이유를 설명하는 패턴입니다.

PATTERN CHALLENGE

074

Date. . .

□ □ □

That's what ~.

그게 바로 ~예요.

That's what *I think.*

그게 바로 내가 생각하고 있는 거예요.

That's what *he wanted.*

그게 바로 그가 원했던 거예요.

That's what *I warned you about.*

그게 바로 제가 당신에게 경고했던 거예요.

That's what *we lost last night.*

그게 바로 어젯밤에 우리가 잃었던 거예요.

That's what *I planned on.*

그게 바로 제가 계획했던 거예요.

warn 경고하다

That's what ~.은 관용적으로 굳어져서 쓰이는 표현들이 많으므로, 위 예문들을 통째로 외워두는 것도 좋은 방법입니다. 특히 어떤 사실을 거듭 확인할 때 쓸모가 많답니다.

Date. . .

□□□

That's how ~.

그렇게 ~한 거예요.

That's how *it works.*

그건 그렇게 작동하는 거예요.

That's how *I met my girlfriend.*

전 그렇게 제 여친을 만났던 거예요.

That's how *we got lost.*

그렇게 우린 길을 잃었던 거예요.

That's how *it got broken.*

그렇게 그게 깨졌던 거예요.

That's how *I got the job.*

그렇게 저는 직장을 잡았던 거예요.

get lost 길을 잃다 get a job 직장을 잡다, 취직하다

That's how ~.는 직역하면 '그게 ~하는 방법입니다'로, 상대방에게 뭔가에 대한 방법이나 어떤 일이 발생한 경위를 간단하고 명료하게 설명할 때 쓰는 패턴입니다.

Date. . .

That's where ~.

거기서 ~한 거예요.

That's where *I found it.*

거기서 제가 그것을 찾은 거예요.

That's where *I'm going, too.*

저도 거기에 가는 길이에요.

That's where *you are wrong.*

그 부분에서 당신이 틀린 거예요.

That's where *we are going on vacation.*

우리 거기로 휴가 갈 거예요.

That's where *I used to work.*

거기가 제가 일했던 곳이에요.

go on vacation 휴가를 가다

상대방이 앞서 말한 장소에 대한 얘기를 할 때, 또는 어떤 장소를 가리키면서 '거기가 바로 ~한 곳이에요'라는 뜻으로 사용하는 패턴입니다.

Date. . .

That's the way ~.

그게 바로 ~하는 방법이에요.

That's the way *I commute.*

그게 바로 제가 통근하는 방법이에요.

That's the way *he became so popular.*

그게 바로 그가 그렇게 인기를 많이 얻었던 방법이에요.

That's the way *we beat our rivals.*

그게 바로 우리가 경쟁자들을 이기는 방법이에요.

That's the way *I have lost so much weight.*

그게 바로 제가 살을 많이 뺀 방법이에요.

That's the way *we do business.*

그게 바로 우리가 사업하는 방법이에요.

commute 통근하다 **popular** 인기가 많은

That's the way.는 '그렇지', '바로 그거야'라는 뜻인데, 뒤에 절이 오는 경우에는 '그게 바로 ~하는 방식이에요'라는 의미가 됩니다. 이 패턴을 모르면 거의 대화가 불가능할 정도로 많이 쓰이고 유용하니 꼭 기억해 두세요.

Date. . .

That's no way to ~.

그렇게 ~하면 안 돼요.

That's no way to *behave.*

그렇게 행동하면 안 돼요.

That's no way to *drive your car.*

그렇게 차를 몰면 안 돼요.

That's no way to *treat a child.*

그런 식으로 아이를 대하면 안 돼요.

That's no way to *talk to a customer.*

그런 식으로 고객에게 말하면 안 돼요.

That's no way to *make friends.*

그런 식으로 친구를 사귀면 안 돼요.

behave 행동하다 treat 다루다, 취급하다, 대우하다

That's no way to ~.는 상대방의 방식이 잘못되었다고 지적하거나 비난할 때 쓸 수 있는 패턴입니다. 상대방에게 아주 강하게 자신의 의견을 전하는 표현입니다.

PATTERN CHALLENGE

079

Date. . .

□□□

That's exactly what ~.

그게 바로 ~한 거예요.

That's exactly what *I mean.*

그게 바로 제가 의미하는 거예요.

That's exactly what *I thought.*

그게 바로 제가 생각했던 거예요.

That's exactly what *I told you to do.*

그게 바로 제가 당신에게 하라고 말했던 거예요.

That's exactly what *she was worried about.*

그게 바로 그녀가 걱정했던 거예요.

That's exactly what *I was hoping to hear.*

그게 바로 제가 듣고 싶었던 거예요.

mean 의미하다, ~의 뜻으로 말하다

That's what ~.은 '그게 ~예요'란 뜻인데, 여기에 exactly를 넣어서 '그게 바로 ~한 거예요' 라고 상대방이 한 말에 맞장구를 치는 표현이 된 것입니다. exactly는 '바로, 정확히'라는 의미입니다.

Date. . .

□□□

That's all I ~.

제가 ~한 건 그게 다예요.

That's all I *can promise.*

제가 약속할 수 있는 건 그게 다예요.

That's all I *can do at this moment.*

지금 제가 할 수 있는 건 그게 다예요.

That's all I *heard about it.*

제가 그것에 대해 들은 건 그게 다예요.

That's all I *know how to make.*

제가 만들 줄 아는 건 그게 다예요.

That's all I *can tell you right now.*

지금 제가 말씀드릴 수 있는 건 그게 다예요.

at this moment 지금, 현재, 이 순간

That's all I ~.는 상대방에게 자신이 앞서 한 행동이나 말한 내용을 딱 잘라서 자신이 할 수 있는 건 거기까지라고 한정할 때 사용하는 패턴입니다.

072

A : I need so much help.

B : **That's why** *we are here.*

……

A : This is such a pretty shirt.

B : **That's why** *I picked this one.*

073

A : You got a lot of work done.

B : **That's because** *I was early.*

……

A : The party got moved inside.

B : Why would they do that?

A : **That's because** *it was raining.*

074

A : I think he's cheating on me!

B : **That's what** *I warned you about.*

A : I should have listened to you.

……

A : Did you hear Mark got a new job?

B : **That's what** *he wanted.*

A : He's really excited.

072 A : 저는 정말 많은 도움이 필요해요. B : 그래서 우리가 여기 와 있는 거예요. | A : 이 셔츠 너무 예쁘네요. B : 그래서 제가 이것을 고른 거예요. 073 A : 너 일 진짜 많이 했다. B : 그건 내가 일찍 도착했기 때문이야. | A : 파티를 집안으로 옮겼어. B : 왜 그랬는데? A : 그건 비가 내렸기 때문이야. 074 A : 그가 바람 피우는 것 같아! B : 그게 바로 내가 너에게 경고했던 거야. A : 네 말을 들었어야 했는데. | A : Mark가 새 직장을 얻은 것 들었어요? B : 그게 바로 그가 원했던 거예요. A : 그가 정말 좋아하네요.

075

A : I think you took a wrong turn.

B : **That's how** *we got lost.*

……

A : Bill threw the ball at the window.

B : **That's how** *it got broken.*

076

A : **That's where** *I found it.*

B : In the parking lot?

A : Yes, it was just lying there.

……

A : I'd love to visit Hawaii someday.

B : **That's where** *we are going on vacation.*

A : I'm so jealous.

077

A : He's really good-looking.

B : **That's the way** *he became so popular.*

……

A : You are so honest.

B : **That's the way** *we do business.*

075 A : 너 잘못 돈 것 같은데. B : 그렇게 우리가 길을 잃은 거지. | A : Bill이 공을 창문으로 던졌어. B : 그렇게 그게 깨졌던 거구나. 076 A : 거기서 내가 그것을 찾았지. B : 주차장에서? A : 응, 거기에 놓여 있었어. | A : 언젠가 하와이를 방문하고 싶어. B : 우리 거기로 휴가 갈 건데. A : 정말 부럽다. 077 A : 그 사람 정말 잘생겼어요. B : 그게 바로 그가 그렇게 인기를 많이 얻었던 방법이에요. | A : 정말 정직하시네요. B : 그게 바로 우리가 사업하는 방법입니다.

078

A : **That's no way to** *drive your car.*

B : What's wrong with how I drive?

A : You're going too fast!

……

A : You're being so rude to them.

B : I am not!

A : **That's no way to** *behave.*

079

A : I went down Main Street to get there.

B : **That's exactly what** *I told you to do.*

……

A : I got accepted at Stanford University!

B : **That's exactly what** *I was hoping to hear.*

A : I'm so excited.

080

A : **That's all I** *can do at this moment.*

B : I appreciate the help.

……

A : Are you making spaghetti again?

B : **That's all I** *know how to make.*

078 A : 그렇게 차를 몰면 안 돼요. B : 제 운전이 뭐가 어때서요? A : 너무 빨리 달리잖아요! | A : 그 사람들에게 너무 예의 없이 굴고 있어. B : 아닌데! A : 그렇게 행동하면 안 돼. 079 A : 난 거기에 가려고 메인 스트리트로 갔어. B : 그게 바로 내가 너에게 하라고 말했던 거야. | A : 나 스탠퍼드 대학에 합격했어! B : 그게 바로 내가 듣고 싶었던 거야. A : 너무 신나. 080 A : 지금 제가 할 수 있는 건 그게 다예요. B : 도와주셔서 진심으로 감사합니다. | A : 또 스파게티 만들어? B : 내가 만들 줄 아는 건 그게 다야.

Part 3

현지 일상생활에서 매일 쓰는 필수 기본 동사 패턴

Part 3에서는 현지 일상 생활에서 가장 많이 쓰이는 tell, know, feel, look 등의 기본 동사를 이용한 패턴을 배웁니다. 핵심 동사만 일상 회화에서 필요한 의사 소통은 다 할 수 있습니다. 일상생활에서 매일 꼭 쓰게 되는 핵심 동사만 골라서 정리했습니다.

Pattern 081-088

Chapter 11

Tell

tell은 보기에는 아주 쉽지만 상황과 같이 쓰는 표현에 따라 아주 유창한 표현으로도 쓸 수 있습니다. tell은 '말하다'라는 뜻을 가진 다른 동사들과 다르게 '말하는 내용을 ~에게 전달한다'는 의미가 강합니다. 이 부분을 생각하며 학습해 보세요.

081 Tell me ~.

082 Don't tell me ~.

083 Let me tell you about ~.

084 I told you to ~.

085 I told you not to ~.

086 I was told to ~.

087 I can tell by ~.

088 You are telling me ~.

Date. . .

□□□

Tell me ~.

~을 말해봐.

Tell me *something funny.*

웃긴 얘기 좀 해봐.

Tell me *how you feel.*

어떻게 느끼는지 말해봐.

Tell me *what to do.*

뭘 해야 하는지 말해봐.

Tell me *what the meeting is about.*

회의가 뭐에 관한 건지 말해봐.

Tell me *what he said about me.*

걔가 나에 대해 뭐라 그랬는지 말해봐.

funny 웃긴, 재미있는

Tell me ~.는 동료나 친구에게 가볍게 '~을 말해봐'라고 할 때 쓸 수 있는 패턴입니다. 위의 예문들을 여러 번 큰 소리로 따라 읽어 정확하게 말하는 연습을 하기 바랍니다.

Date. . .

□□□

Don't tell me ~.

설마 ~은 아니겠지?

Don't tell me *it's a joke.*

설마 그게 농담이라는 건 아니겠지?

Don't tell me *you're serious.*

설마 진심이라는 건 아니겠지?

Don't tell me *you're pregnant.*

설마 너 임신한 건 아니겠지?

Don't tell me *you've changed your mind.*

설마 너 마음 바뀐 건 아니지?

Don't tell me *you've forgotten already.*

설마 벌써 잊은 건 아니지?

serious 진지한, 진심인 pregnant 임신한

Don't tell me ~.를 문자 그대로 '내게 ~라고 말하지 마'로 해석하면 좀 곤란합니다. 이 패턴은 상대방의 말이나 행동이 믿기지 않을 때 '너 설마 ~은 아니지?'라는 뜻으로 사용합니다.

Date. . .

Let me tell you about ~.

~에 대해 말해 줄게요.

Let me tell you about *the company.*

그 회사에 대해 말해 줄게요.

Let me tell you about *the movie.*

그 영화에 대해 말해 줄게요.

Let me tell you about *my boyfriend.*

내 남자친구에 대해 말해 줄게요.

Let me tell you about *my boss.*

내 상사에 대해 말해 줄게요.

Let me tell you about *my vacation.*

내 휴가에 대해 말해 줄게요.

boss (회사 등에서) 상사

상대방에게 어떤 일이나 상황에 대해 설명해 줄 때 쓰는 패턴입니다. 본격적으로 어떤 설명을 하거나 자초지종을 늘어놓기 전에 말문을 여는 표현이죠. Let me ~.의 형태는 직역하면 '나에게 ~을 시켜줘'이지만 '~할게'로 해석하면 자연스럽습니다.

PATTERN CHALLENGE

084

Date. . .

I told you to ~.

제가 ~하라고 했잖아요.

I told you to *lock the door.*

제가 문 잠그라고 했잖아요.

I told you to *be patient.*

제가 좀 참으라고 했잖아요.

I told you to *clean your room.*

방 청소 좀 하라고 했잖아요.

I told you to *take your time.*

제가 천천히 하라고 했잖아요.

I told you to *knock it off.*

제가 그만 좀 하라고 했잖아요.

take one's time 여유를 가지다, 서두르지 않다 knock it off 그만 하다

말 안 듣는 사람들은 어디에나 있습니다. 그런 사람들에게 따끔하게 한마디 해 줄 때 이 I told you to ~. 패턴이 딱입니다.

Date. . .

☐☐☐

I told you not to ~.

~하지 말라고 했잖아요.

I told you not to *tell Mike.*

Mike한테 말하지 말라고 했잖아요.

I told you not to *interrupt me.*

절 방해하지 말라고 했잖아요.

I told you not to *hang up on me.*

말하고 있는데 전화 끊지 말라고 했잖아요.

I told you not to *stay up so late.*

너무 늦게까지 깨어 있지 말라고 했잖아요.

I told you not to *drink and drive.*

음주운전하지 말라고 했잖아요.

hang up on (통화 중에 갑자기) ~의 전화를 끊다 drink and drive 음주운전하다

상대방이 내가 한 조언이나 충고를 무시하거나 충분히 주의를 기울이지 않아 하지 말라는 행동을 기어코 했을 때 원망조나 비난조로 이 패턴을 사용해서 날카롭게 쏘아줍시다.

Date. . .

□□□

I was told to ~.

~하라고 하던데요.

I was told to *bring a cake.*

케이크를 가져오라고 하던데요.

I was told to *call you.*

당신에게 전화하라고 하던데요.

I was told to *be here early.*

여기에 일찍 오라고 하던데요.

I was told to *fix your laptop.*

당신 노트북 컴퓨터를 고치라고 하던데요.

I was told to *meet you here.*

여기서 당신을 만나라고 하던데요.

laptop 노트북 컴퓨터

tell의 수동태인 be told는 '들리다, 지시를 받다'란 의미입니다. 그래서 I was told to ~. 하면 '~라고 들었어요'라는 의미가 됩니다. 이 패턴은 우리말로는 어색해도 원어민들이 정말 많이 쓰는 표현이므로 꼭 알아두어야 합니다.

PATTERN CHALLENGE

087

Date.

I can tell by ~.

~라는 걸 알겠어요.

I can tell by
looking at him that he's organized.

보니까 그가 정리를 잘하는 사람인 걸 알겠어요.

I can tell by
looking at her that she's really smart.

보니까 그녀가 아주 똑똑하다는 걸 알겠어요.

I can tell by
the way she smiled at me that she's nice.

그녀가 나한테 미소 짓던 모습만 봐도 그녀가 얼마나 괜찮은 사람인지 알겠어요.

I can tell by
how he looks at you that he likes you.

그가 당신을 쳐다보는 모습만 봐도 그가 당신을 좋아한다는 걸 알겠어요.

I can tell by
how he's shaking that he's nervous.

그가 떨고 있는 모습을 보니 그가 긴장하고 있다는 걸 알겠어요.

organized 조직된, 계획된, 체계적인

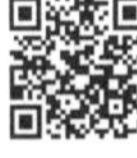

'안 봐도 비디오'라는 말이 있죠? I can tell by ~.는 딱 보니 어떤 상황인지 설명을 안 들어도 훤히 알 수 있다는 상황에 쓸 수 있는 패턴입니다. 이 표현 역시 원어민들이 정말 많이 쓰는 패턴입니다.

PATTERN CHALLENGE

088

Date. . .

□ □ □

You are telling me ~.

지금 ~라고 말하는 거예요?

You are telling me *it's no good.*

지금 그게 형편없다고 말하는 거예요?

You are telling me *to go home.*

지금 저보고 집에 가라는 거예요?

You are telling me *everything is okay.*

지금 모든 게 괜찮다고 말하는 거예요?

You are telling me *it was an honest mistake.*

지금 그게 단순한 실수였다고 말하는 거예요?

You are telling me *it's too late.*

지금 너무 늦었다고 말하는 거예요?

honest mistake 단순한 실수, 의도치 않은 실수

You are telling me ~.는 상대방이 하는 말에 동의하지 않거나 그 말이 부당하다고 생각할 때 사용하는 패턴입니다. 현재진행형을 써서 표현하는 점도 눈여겨봐 주세요.

081

A : **Tell me** *something funny.*

B : I'll tell you my favorite joke.

......

A : **Tell me** *what the meeting is about.*

B : I'm not sure.

082

A : **Don't tell me** *it's a joke.*

B : But it really was a joke!

......

A : **Don't tell me** *you're serious.*

B : I'm dead serious.

083

A : **Let me tell you about** *my boyfriend.*

B : Where did you meet him?

......

A : **Let me tell you about** *my boss.*

B : Is he nice to work for?

A : He's great!

084

A : **I told you to** *lock the door.*

B : I forgot.

......

A : **I told you to** *take your time.*

B : I did take my time.

A : It looks like you rushed.

081 A : 웃긴 얘기 좀 해봐. B : 내가 가장 좋아하는 농담을 말해줄게. | A : 회의가 뭐에 관한 건지 말해봐. B : 나도 잘 모르겠어. 082 A : 설마 그게 농담이라는 건 아니겠지? B : 하지만 정말 농담이었어! | A : 설마 진심은 아니지? B : 난 정말 진심이야. 083 A : 내 남친에 대해 말해 줄게. B : 어디서 만났어? | A : 제 상사에 대해 말해 줄게요. B : 함께 일하기 괜찮나요? A : 아주 좋으세요! 084 A : 내가 문 잠그라고 했지. B : 깜박했어. | A : 내가 천천히 하라고 했지. B : 천천히 했어. A : 너 서두르는 것 같았어.

085

A : **I told you not to** *tell Mike.*

B : I forgot it was a secret!

……

A : I'm so tired.

B : **I told you not to** *stay up so late.*

A : I should have listened to you.

086

A : What are you bringing to the party?

B : **I was told to** *bring a cake.*

……

A : What are you doing in my office?

B : **I was told to** *fix your laptop.*

087

A : Look at how neatly he's dressed.

B : **I can tell by** *looking at him that he's organized.*

……

A : **I can tell by** *how he's shaking that he's nervous.*

B : This is his first big presentation.

A : I hope he does a good job.

088

A : **You are telling me** *to go home.*

B : I think you should.

……

A : **You are telling me** *everything is okay.*

B : Yes, everything is fine.

085 A : Mike한테 말하지 말라고 했잖아. B : 비밀인 걸 깜박했네! | A : 피곤해 죽겠다. B : 너무 늦게까지 깨어 있지 말라고 했잖아. A : 네 말을 들었어야 했는데. 086 A : 파티에 뭘 가져갈 거야? B : 케이크를 가져오라고 하던데. | A : 제 사무실에서 뭐 하시는 거죠? B : 선생님 노트북 컴퓨터를 고치라고 하던데요. 087 A : 그 사람 옷 진짜 깔끔하게 입었다. B : 딱 보니까 그가 정리를 잘하는 사람인 걸 알겠어. | A : 그가 떨고 있는 모습을 보니 그가 긴장하고 있다는 걸 알겠어요. B : 이게 그 사람의 첫 번째로 큰 프레젠테이션이라서요. A : 잘했으면 좋겠네요. 088 A : 지금 나보고 집에 가라는 거야? B : 내 생각엔 그래야 할 것 같아. | A : 지금 모든 게 괜찮다고 말하는 거야? B : 응, 모든 게 괜찮아.

Pattern 089-094

Chapter 12

Know

know는 단순히 '~을 알고 있다'는 뜻으로도 쓰이지만, 뒤에 붙는 표현에 따라 원어민이 자주 쓰는 유창한 표현으로도 쓸 수 있습니다. 모르는 것을 알려달라고 할 때 특히 유용한 표현이 많으니 일상생활은 물론 여행 갈 때 필수적으로 익혀야 할 패턴입니다.

Date. . .

□□□

I know ~.

~을 알아요.

I know *something about you.*

전 당신에 대해 좀 알아요.

I know *the way there.*

그곳에 가는 방법을 알아요.

I know *I'm not alone.*

제가 혼자가 아니라는 걸 알아요.

I know *you can do better.*

전 당신이 더 잘할 수 있다는 것을 알아요.

I know *how this movie ends.*

이 영화 어떻게 끝나는지 알아요.

I know ~.는 어떤 사실을 잘 알고 있다고 말할 때 쓰는 패턴입니다. 이렇게 짧은 패턴으로도 여러분의 생각을 잘 표현할 수 있다는 사실을 꼭 기억하기 바랍니다.

PATTERN CHALLENGE

090

Date. . .

□□□

I know what you ~.

당신이 ~한 것을 알아요.

I know what you *are trying to do.*

당신이 뭘 하려고 하는지 알아요.

I know what you *said to Jessica.*

당신이 Jessica에게 무슨 말 했는지 알아요.

I know what you *want for Christmas.*

당신이 크리스마스 선물로 뭘 원하는지 알아요.

I know what you *did last summer.*

전 당신이 지난 여름에 한 일을 알아요.

I know what you *spent that money on.*

전 당신이 그 돈을 어디에 썼는지 알아요.

last summer 지난 여름에

여러분 혹시 〈I know what you did last summer〉라는 영화를 아시나요? 〈나는 네가 지난 여름에 한 일을 알고 있다〉란 공포영화인데요, I know what you ~.는 '난 네가 ~한 것을 잘 알고 있다'는 의미의 패턴입니다.

Date. . .

I know how to ~.

~하는 법을 알아요.

I know how to *get a free upgrade.*

무료로 업그레이드 받는 법을 알아요.

I know how to *get him to call you.*

그가 당신에게 전화하게 하는 방법을 알아요.

I know how to *solve this problem.*

이 문제 해결 방법을 알아요.

I know how to *make pasta.*

파스타 만들 줄 알아요.

I know how to *fix the car.*

그 차 고칠 줄 알아요.

make pasta 파스타를 만들다 fix a car 차를 고치다, 차를 수리하다

I know how to ~.는 '~하는 법을 알아요, ~할 줄 알아요'란 뜻의 패턴으로, 어떤 방법을 잘 알고 있다고 말할 때 씁니다. to 다음에는 반드시 get, make, fix 등과 같이 동사의 원형을 써야 합니다.

PATTERN CHALLENGE

092

Date. . .

□ □ □

Do you know how to ~?

어떻게 ~하는지 아세요?

Do you know how to *make scrambled eggs*?

에그 스크램블 어떻게 만드는지 아세요?

Do you know how to *make a latte*?

라떼를 어떻게 만드는지 아세요?

Do you know how to *play chess*?

체스 어떻게 두는지 아세요?

Do you know how to *download this file*?

이 파일을 어떻게 다운로드하는지 아세요?

Do you know how to *connect to the Internet*?

인터넷 연결을 어떻게 하는지 아세요?

connect to ~에 연결하다, ~에 접속하다

how는 방법, 정도, 상태를 물을 수 있는 의문사입니다. Do you know how to ~?는 Do you know와 how to가 결합된 형태로, to 다음에는 동사의 원형을 써야 합니다.

Date. . .

☐☐☐

I've known ~.

~을 알고 있어요.

I've known *some social media influencers.*

전 SNS 인플루언서들을 좀 알고 있어요.

I've known *her for years.*

그녀를 몇 년째 알고 지내요.

I've known *him since we were kids.*

어렸을 때부터 그랑 알고 지냈어요.

I've known *some con artists in my life.*

살면서 사기꾼도 몇 명 알고 있지요.

I've known *about this restaurant since we moved here.*

우리가 이곳으로 이사 온 이래로 이 식당을 알고 있어요.

con artist 사기꾼

예전부터 지금 현재까지 무언가를 알고 있었다는 것을 표현하고 싶을 때 쓸 수 있는 패턴이 I've known ~.입니다. 영문법적으로는 현재완료시제라고 합니다.

PATTERN CHALLENGE

094

Date. . .

□ □ □

I'll let you know ~.

~을 알려 줄게요.

I'll let you know *when I hear something.*

뭔가를 들으면 알려 줄게요.

I'll let you know *when we get home.*

우리가 집에 도착하면 알려 줄게요.

I'll let you know *if he calls me.*

그가 나한테 전화하면 알려 줄게요.

I'll let you know *how everything goes.*

어떻게 되는지 알려 줄게요.

I'll let you know *when I'm done.*

제가 다 하면 알려 줄게요.

get home 집에 도착하다

정확한 상황이 어찌 돌아가는지 상대방에게 알려 주겠다고 약속할 때 쓸 수 있는 패턴입니다. 미래 조동사 will이 있기 때문에 지금 당장이 아니라 특정 상황이 발생하거나 특정한 때에 알려 주겠다는 의미입니다.

089

A : **I know** *something about you.*

B : There's not much to know.

......

A : **I know** *the way there.*

B : Can you show me the way?

A : Sure, follow me.

090

A : **I know what you** *said to Jessica?*

B : How do you know?

A : She told me.

......

A : **I know what you** *did last summer.*

B : I didn't do anything over the summer.

091

A : **I know how to** *get him to call you.*

B : Tell me.

......

A : **I know how to** *fix the car.*

B : Can you do it?

A : I just need to buy some parts.

089 A : 난 너에 대해 좀 알아. B : 알아야 할 게 많지는 않을 텐데. | A : 저 거기 가는 길을 알아요. B : 제게 좀 알려주시겠어요? A : 좋아요, 절 따라오세요. 090 A : 난 네가 제시카에게 무슨 말을 했는지 알아. B : 그걸 어떻게 알아? A : 걔가 나한테 말했어. | A : 난 네가 지난 여름에 한 일을 알아. B : 여름 내내 나 아무것도 안 했는데. 091 A : 나 걔가 너한테 전화하게 하는 방법을 알아. B : 말해봐. | A : 나 그 차 고칠 줄 알아. B : 할 수 있겠어? A : 부속들을 좀 사면 돼.

092

A : **Do you know how to** *play chess?*

B : No, I've never learned.

A : **Do you know how to** *make scrambled eggs?*

B : Yes, I do.

A : Can you show me?

093

A : Do you know Linda?

B : **I've known** *her for years.*

A : Have you been to this restaurant before?

B : **I've known** *about this restaurant since we moved here.*

A : It's so good!

094

A : **I'll let you know** *when I hear something.*

B : That would be great!

A : My doctor's appointment is today.

B : I hope it goes well.

A : **I'll let you know** *how everything goes.*

092 A : 체스 어떻게 두는지 알아요? B : 아뇨, 한 번도 배운 적이 없어요. | A : 에그 스크램블 어떻게 만드는지 알아? B : 응, 알아. A : 좀 보여줄래? 093 A : 너 Linda 알아? B : 그녀를 몇 년째 알고 지내지. | A : 전에 이 식당 와본 적 있어? B : 우리가 이곳으로 이사 온 이래로 이 식당을 알고 있지. B : 진짜 맛있지! 094 A : 뭔가 들으면 너에게 알려줄게. B : 그래 주면 너무 좋지! | A : 내 진료 예약이 오늘이야. B : 잘 되면 좋겠다. A : 어떻게 되는지 너한테 알려줄게.

Pattern 095-104

Chapter 13

감정표현 동사 (Care, Mind, Mean, Thank)

일상생활에서 감정을 표현하는 동사는 정말 많습니다. 그 중에 가장 자주 쓰이는 감정동사만 뽑았습니다. 이 동사들은 본연의 뜻도 중요하지만 I don't care처럼 덩어리로 알아야 쓰임새가 보입니다.

095 Care for ~?

096 I don't care ~.

097 He cares about ~.

098 Do you mind if I ~?

099 I don't mind ~.

100 I didn't mean to ~.

101 Do you mean ~?

102 That means ~?

103 Thank you for ~.

104 Thanks a lot for ~.

PATTERN CHALLENGE

095

Date. . .

□□□

Care for ~?

~ 드실래요?

Care for *a snack*?

간식 드실래요?

Care for *a beer*?

맥주 드실래요?

Care for *something to eat*?

뭐 좀 드실래요?

Care for *another cup of tea*?

차 한 잔 더 드실래요?

Care for *red wine with your steak*?

스테이크에 곁들여 레드 와인 드실래요?

snack 간식

care for는 '좋아하다, 바라다, 하고 싶다'라는 뜻입니다. 상대방에게 뭔가를 권하면서 상대방의 의향을 정중히 물을 때 Would you care for ~?를 쓰는데, 이를 간단히 줄여서 Care for ~?라고 말한다는 사실 꼭 기억하세요.

Date.

I don't care ~.

~은 신경 안 써요.

I don't care *what she said.*

그녀가 뭐라고 했든 신경 안 써요.

I don't care *who he's dating.*

그가 누구랑 데이트를 하든 신경 안 써요.

I don't care *what you think.*

당신이 어떻게 생각하든 신경 안 써요.

I don't care *what they say about me.*

그들이 나에 대해 뭐라고 하든 신경 안 써요.

I don't care *if they don't like me.*

그들이 날 싫어하든 말든 신경 안 써요.

별로 중요하게 생각하지 않아 관심도 없고 그것 때문에 기분 상할 일도 없을 때 자신은 전혀 신경 쓰지 않는다는 뜻으로 쓰는 패턴이에요. 너무 자주 쓰면 무신경하거나 대범한 사람이라는 소리를 들을 수도 있겠죠.

Date. . .

□ □ □

He cares about ~. 그는 ~에 신경 써요.

He cares about *you a lot.*

그는 당신에 대해 많이 신경 써요.

He cares about *his future.*

그는 자신의 미래에 신경 써요.

He cares about *his family.*

그는 자신의 가족에 대해 신경 써요.

He cares about *his job.*

그는 자신의 일에 신경 써요.

He cares about *this business.*

그는 이 사업에 신경 써요.

care about 뒤에 사람이 오면 아끼고 배려한다는 의미가 되고, 사물이 오면 관심이 있고 중요하게 생각한다는 의미죠. 반면 care 뒤에 for가 오면 like(좋아하다)와 같은 의미입니다.

Date.

Do you mind if I ~?

~해도 될까요?

Do you mind if I *call you late at night*?

밤늦게 전화해도 될까요?

Do you mind if I *join you*?

제가 함께 해도 될까요?

Do you mind if I *sit here*?

제가 여기에 앉아도 될까요?

Do you mind if I *leave the office early today*?

오늘 일찍 퇴근해도 될까요?

Do you mind if I *listen to music*?

음악 좀 들어도 될까요?

leave the office early 일찍 퇴근하다

Do you mind if I ~?는 허락이나 양해를 구하거나 부탁할 때 사용하는 공손한 표현이에요. 같은 의미로 Would you mind if I ~?나 May I ~?를 쓸 수도 있어요.

Date. . .

□□□

I don't mind ~.

~은 상관없어요.

I don't mind *a tight schedule.*

빡빡한 일정은 상관없어요.

I don't mind *the bad weather.*

날씨가 안 좋아도 상관없어요.

I don't mind *being blamed.*

비난받는 건 상관없어요.

I don't mind *staying home.*

집에 있어도 상관없어요.

I don't mind *how it looks.*

그게 어떻게 보이는가는 상관없어요.

tight schedule 빡빡한 일정

mind가 '언짢아하다, 상관하다, 개의하다'라는 뜻이므로 I don't mind는 '괜찮다, 상관없다, 아무렇지도 않다'는 말이 되죠. 상대의 말이나 행동에 대해 신경 쓰지 않는다는 표현이에요.

I didn't mean to ~.

~할 의도는 아니었어요.

I didn't mean to *lie to you.*

당신에게 거짓말할 의도는 아니었어요.

I didn't mean to *upset her.*

그녀를 화나게 하려는 의도는 아니었어요.

I didn't mean to *worry you.*

당신을 걱정시킬 의도는 아니었어요.

I didn't mean to *interrupt you.*

당신을 방해할 의도는 아니었어요.

I didn't mean to *be rude.*

무례하게 굴 의도는 아니었어요.

interrupt 방해하다

I didn't mean to ~.는 내가 한 말이나 행동에 대해 상대방이 오해할 때 내 행동에 별다른 의도나 악의가 없었다고 말하며 이해를 구하는 상황에서 쓸 수 있는 패턴이에요. 즉, 고의가 아니었음을 설명하는 표현이죠.

Date. . .

□□□

Do you mean ~?

~라는 말이에요?

Do you mean *you like me*?

당신이 절 좋아한다는 말이에요?

Do you mean *I don't have to clean the house*?

제가 집 청소를 안 해도 된다는 말이에요?

Do you mean *we can't go on vacation*?

우리가 휴가를 갈 수 없다는 말이에요?

Do you mean *you stayed up all night*?

밤을 꼬박 샜다는 말이에요?

Do you mean *he went bankrupt*?

그 사람이 파산했다는 말이에요?

stay up all night 밤을 꼬박 새다 go bankrupt 파산하다

mean은 '의미하다'라는 뜻이지만 특정 의도를 담아 '~의 뜻으로 말하다'라는 intend의 의미도 있습니다. 그래서 Do you mean ~?은 상대방이 어떤 뜻으로 한 말인지 의도를 묻는 패턴입니다. 상대방이 한 말을 자신이 제대로 이해한 게 맞는지 확인할 때 사용하세요.

Date. . .

□ □ □

That means ~?

그건 ~란 뜻인가요?

That means *you liked it*?

그건 당신이 그것을 좋아했다는 뜻인가요?

That means *you didn't understand*?

그건 당신이 이해를 못했다는 뜻인가요?

That means *you passed the test*?

그건 당신이 시험을 통과했다는 뜻인가요?

That means *we came in first place*?

그건 우리가 1위를 했다는 뜻인가요?

That means *he's not leaving*?

그건 그가 떠나지 않는다는 뜻인가요?

first place 1위, 1등

어떤 현상의 의미를 구체적으로 그리고 정확하게 밝히고 싶을 때 쓸 수 있는 패턴입니다. 특히, 상대방이 말한 내용을 더블 체크하면서 확인 사실을 할 때 쓰면 좋은 패턴이죠.

Date.   .   .

□ □ □

Thank you for ~.

~해 주셔서 고마워요.

Thank you for *your help.*

도와주셔서 고마워요.

Thank you for *understanding.*

이해해 주셔서 고마워요.

Thank you for *your advice.*

조언해 주셔서 고마워요.

Thank you for *the ride.*

태워 주셔서 고마워요.

Thank you for *supporting me.*

저를 응원해 주셔서 고마워요.

support 지지하다, 응원하다

Thank you for ~.는 상대방이 내게 준 물건이나 베푼 행동에 대해 감사를 나타내는 표현입니다. for 뒤에 감사하게 여기는 이유를 넣으면 돼요. 고맙다는 말을 좀 더 격의 없이 표현하고 싶을 때는 Thank you 대신 Thanks를 쓰세요.

Date. . .

□□□

Thanks a lot for ~.

~에 대해/~해 줘서 정말 고마워요.

Thanks a lot for *dinner.*

저녁 정말 고마워요.

Thanks a lot for *the flowers.*

꽃 정말 고마워요.

Thanks a lot for *everything you've done.*

해 주신 모든 것에 대해 정말 고마워요.

Thanks a lot for *your help with the project.*

프로젝트를 도와주셔서 정말 고마워요.

Thanks a lot for *remembering my birthday.*

제 생일을 기억해 줘서 정말 고마워요.

Thanks a lot for ~.는 상대방에게 깊은 고마움을 표시할 때 쓰는 표현으로, 이때의 a lot은 '많이'보다 '정말'로 해석하는 것이 자연스럽습니다. for 뒤에 고마운 이유를 넣어 말하면 됩니다.

A : **Care for** ***a beer*****?**

B : Yes, please!

......

A : **Care for** ***something to eat*****?**

B : No, I'm okay.

096

A : James has a new girlfriend.

B : **I don't care** ***who he's dating.***

......

A : A lot of people are talking about you.

B : **I don't care** ***what they say about me.***

A : I'd be upset if I were you.

097

A : Luke works a lot.

B : **He cares about** ***his future.***

......

A : **He cares about** ***his family.***

B : He's a good guy.

098

A : **Do you mind if I** ***sit here*****?**

B : Not at all!

......

A : **Do you mind if I** ***listen to music*****?**

B : I'm trying to read.

A : Okay, I won't turn it on.

095 A : 맥주 드실래요? B : 네, 좋죠! | A : 뭐 좀 드시겠어요? B : 아닙니다, 괜찮아요. 096 A : James가 새 여친이 생겼대. B : 걔가 누구랑 데이트를 하든 신경 안 써. | A : 많은 사람들이 너에 대해서 얘기를 하고 있어. B : 걔들이 나에 대해서 뭐라고 하든 신경 안 써. A : 내가 너라면 열 받았을 텐데. 097 A : Luke는 일을 엄청 많이 해. B : 그는 자신의 미래에 신경 쓰니까. | A : 그는 가족들에 대해 신경을 써. B : 그 사람은 좋은 사람이야. 098 A : 여기 앉아도 될까요? B : 그럼요! | A : 음악 좀 들어도 될까? B : 나 책을 좀 읽으려고 하는데. A : 알았어, 음악 안 틀게.

099

A : You're so busy all the time.

B : **I don't mind** *a tight schedule.*

......

A : I don't feel like going out tonight.

B : **I don't mind** *staying home.*

A : Good. Let's stay home.

100

A : She's angry with you.

B : **I didn't mean to** *upset her.*

......

A : I didn't know where you were.

B : **I didn't mean to** *worry you.*

101

A : I need you to run to the store for me.

B : **Do you mean** *I don't have to clean the house*?

......

A : There's a problem at work.

B : **Do you mean** *we can't go on vacation*?

A : We can't leave today.

102

A : I finished the coffee you made.

B : **That means** *you liked it*?

......

A : Josh is still at work today.

B : **That means** *he's not leaving*?

099 A : 넌 늘 그렇게 바쁘네. B : 난 빡빡한 일정은 상관없어. | A : 오늘밤에 나가고 싶지 않은데. B : 난 집에 있어도 상관없어. A : 좋아. 집에 있자. 100 A : 그녀는 너한테 화나 있어. B : 난 그녀를 열 받게 할 의도는 아니었어. | A : 네가 어디에 있는지 전혀 몰랐어. B : 걱정시킬 의도는 아니었어. 101 A : 네가 내 대신에 가게 좀 빨리 가야겠다. B : (그 말은) 내가 집 청소를 안 해도 된다는 말이야? | A : 회사에 문제가 있어요. B : (그 말은) 우리가 휴가를 갈 수 없다는 말이에요? A : 우린 오늘 출발할 수는 없어요. 102 A : 나 네가 만들어준 커피 다 마셨어. B : 그건 네가 그것(내가 만든 커피)을 좋아했다는 뜻이니? | A : Josh가 오늘 아직 일하고 있어. B : 그건 그가 떠나지 않는다는 뜻인가?

☐☐☐

103

A : **Thank you for** *the ride.*

B : No problem. Anytime!

……

A : **Thank you for** *your advice.*

B : I hope it helps.

A : It does!

104

A : **Thanks a lot for** *dinner.*

B : I hope you liked it.

A : It was delicious.

……

A : **Thanks a lot for** *remembering my birthday.*

B : I'd never forget it!

A : You're a good friend.

103 A : 태워 주셔서 고마워요. B : 별말씀을. 언제든지요! | A : 조언해 주셔서 고마워요. B : 도움이 되셨으면 좋겠네요. A : 물론 도움이 되죠! 104 A : 저녁 식사 정말 고마워. B : 좋아했으면 좋겠네. A : 정말 맛있었어. | A : 내 생일을 기억해 줘서 정말 고마워. B : 절대 안 까먹지! A : 넌 좋은 친구야.

Pattern 105-112

Chapter 14

감각표현 동사 (Feel, Look, Sound, Seem, Taste)

우리가 오감을 통해 느끼는 감각을 표현하는 동사를 감각동사라고 합니다. '~해 보인다', '~처럼 맛이 느껴진다'처럼 해석이 약간 수동적이라 헷갈리시는 분이 많습니다. 여기 정리한 감각동사와 그 표현만 알아도 앞으로 헷갈리지 않을 수 있습니다.

Date. . .

□ □ □

I feel ~.

~해요.

I feel *happy.*

기뻐요.

I feel *nervous.*

긴장돼요.

I feel *sick.*

아파요.

I feel *better.*

나아졌어요.

I feel *hungover.*

숙취가 느껴져요.

hungover 숙취에 시달리는

'~한 기분이 들어요, (기분이) ~해요'라고 자신이 어떤 감정 상태인지 나타낼 때 쓰는 표현입니다. 현재의 느낌을 말할 때, 사랑이나 분노, 슬픔 등의 감정을 표현할 때 사용하세요.

Date. . .

I don't feel like ~.

~할 기분이 아니에요.

I don't feel like *cooking.*

요리할 기분이 아니에요.

I don't feel like *working out.*

운동할 기분이 아니에요.

I don't feel like *dancing.*

춤출 기분이 아니에요.

I don't feel like *talking to her.*

그녀와 얘기할 기분이 아니에요.

I don't feel like *doing anything.*

아무것도 할 기분이 아니에요.

work out 운동하다, 헬스를 하다

흥도 안 나고 마음도 동하지 않아 축 처진 상태로 뭔가를 하고 싶은 마음이 일시적으로 들지 않을 때 쓸 수 있는 표현이에요. 뭔가를 마시거나 먹고 싶지 않을 때도 요긴하게 쓸 수 있어요.

PATTERN CHALLENGE

107

Date. . .

□□□

You look ~.

~해 보여요.

You look *beautiful.*

아주 예뻐 보여요.

You look *fantastic.*

아주 좋아 보여요.

You look *angry.*

화나 보여요.

You look *confused.*

복잡해 보여요.

You look *worried.*

걱정스러워 보여요.

confused 혼란스러운, 헷갈리는, 어리둥절한

동사 look은 뒤에 형용사가 바로 나오면 '보다'라는 뜻이 아니라 '~처럼 보이다'라는 뜻이죠. look은 외모나 인상처럼 시각적인 요소에 대해 화자의 주관적인 의견을 표현할 때 써요.

Date. . .

Feel free to ~.

얼마든지 ~하세요.

Feel free to *give me a call.*

언제든지 제게 전화하세요.

Feel free to *text me.*

얼마든지 제게 문자하세요.

Feel free to *reach out anytime.*

언제든지 연락하세요.

Feel free to *take a look around.*

얼마든지 둘러보세요.

Feel free to *ask questions.*

얼마든지 질문하세요.

reach out 연락하다

상대방에게 부담 없이 뭔가를 하도록 할 때, 상대방에게 최대한 맞춰 주고 싶을 때, 혹은 손님 접대 상황 등 호의를 베풀고자 하는 상황에서 쓰는 패턴이에요.

Date. . .

□□□

It looks like ~.

~인 것 같아요.

It looks like *we're going to be late.*

우리 늦을 것 같아요.

It looks like *it's going to rain.*

비가 올 것 같아요.

It looks like *we need more money.*

우리 돈이 좀 더 필요한 것 같아요.

It looks like *our flight is delayed.*

우리 비행편이 지연된 것 같아요.

It looks like *she drank too much.*

그녀가 너무 많이 마신 것 같아요.

be delayed 지연되다, 연착하다

It looks like ~.는 '~처럼 보여요, ~인 것 같아요'란 뜻으로, 주로 눈에 보이는 상황을 근거로 추측할 때 사용합니다. 이때 like 뒤에는 명사도 올 수 있고 '주어+동사'의 문장도 올 수 있습니다. 위의 예문을 통해 '주어+동사'가 오는 경우를 집중해서 연습해 보세요.

PATTERN CHALLENGE
110

Date. . .

☐☐☐

It seems like ~.

~인 것 같아요.

It seems like *a dream job.*

꿈의 직업 같아요.

It seems like *music to my ears.*

아주 반가운 소식인 것 같아요.

It seems like *you're doing well at your job.*

일을 아주 잘하고 계신 것 같아요.

It seems like *you found a keeper.*

당신 임자를 만난 것 같네요.

It seems like *you're having a bad day.*

힘든 하루를 보내고 계신 것 같네요.

music to my ears 아주 좋은(반가운) 소식 find a keeper 임자를 만나다

It seems like ~.도 현상이나 사건에 대하여 자신의 인상이나 추측을 나타낼 때 사용합니다. It seems incredible.(믿을 수 없어.)처럼 It seem 뒤에는 주로 형용사가 오지만, It seems like 뒤에는 명사(구)나 '주어+동사'의 문장이 온다는 게 다릅니다.

Date. . .

□□□

That sounds ~.

~인 것 같아요.

That sounds *great.*

근사할 것 같아요.

That sounds *wonderful.*

굉장할 것 같아요.

That sounds *delicious.*

맛있을 것 같아요.

That sounds *like fun.*

재미있을 것 같아요.

That sounds *like a mistake.*

실수인 것 같아요.

delicious 맛있는 mistake 실수

That sounds ~.는 '~하게 들려요, ~인 것 같아요'란 뜻으로, 주로 듣거나 읽은 내용을 근거로 추측할 때 사용합니다. That sounds 뒤에는 형용사, That sounds like 뒤에는 명사(구)가 옵니다.

Date. . .

□□□

It tastes ~.

맛이 ~해요.

It tastes *really good.*

맛이 정말 좋아요.

It tastes *fantastic.*

끝내주게 맛있어요.

It tastes *too sweet.*

너무 달아요.

It tastes *gross.*

맛이 역겨워요.

It tastes *like beer.*

맥주 맛이 나요.

gross 역겨운

It tastes ~.는 '맛이 ~해요'란 의미로, sweet(단) sour(신), bitter(쓴) 등 온갖 맛을 표현할 때 사용하는 패턴입니다. It tastes 뒤에는 형용사, It tastes like 뒤에는 명사(구)가 옵니다.

105

A : How are you feeling?

B : **I feel** *better.*

……

A : I drank too much last night.

B : Are you okay?

A : **I feel** *hungover.*

106

A : **I don't feel like** *working out.*

B : You'll feel better when you're done.

A : I know.

……

A : Let's go to a club.

B : **I don't feel like** *dancing.*

A : You'll feel like it when we get there.

107

A : **You look** *angry.*

B : I'm mad at my husband.

……

A : **You look** *worried.*

B : I'm nervous about work.

A : You'll be fine.

108

A : **Feel free to** *text me.*

B : Thank you.

……

A : **Feel free to** *ask questions.*

B : I don't think I have any right now.

105 A : 어때요? B : 나아졌어요. | A : 어젯밤에 너무 마셨어. B : 너 괜찮아? A : 숙취가 느껴져. **106** A : 난 운동할 기분이 아니야. B : 하고 나면 기분이 좋아질 텐데. A : 알긴 알지. | A : 클럽에 가자. B : 난 춤출 기분이 아니야. A : 도착하면 기분이 들걸. **107** A : 화나 보여요. B : 제 남편에게 엄청 화가 났어요. | A : 걱정스러워 보여요. B : 일 때문에 긴장돼서 그래요. A : 괜찮을 겁니다. **108** A : 얼마든지 내게 문자해. B : 고마워. | A : 얼마든지 질문하세요. B : 지금은 질문이 없습니다.

□ □ □

109

A : **It looks like** *our flight is delayed.*

B : I hope it's not a long wait.

……

A : Becky is stumbling.

B : **It looks like** *she drank too much.*

A : We should help her get home.

110

A : **It seems like** *you're doing well at your job.*

B : I'm enjoying it there.

……

A : How's your boyfriend?

B : He's amazing!

A : **It seems like** *you found a keeper.*

111

A : Let's get pizza for dinner.

B : **That sounds** *delicious.*

……

A : Do you want to go out sometime?

B : **That sounds** *like fun.*

112

A : How do you like your chicken?

B : **It tastes** *really good.*

……

A : How's your ice cream?

B : **It tastes** *fantastic.*

109 A : 우리 비행편이 지연된 것 같은데. B : 너무 오래 안 기다렸으면 좋겠는데. | A : Becky가 비틀거리고 있어. B : 걔 너무 많이 마신 것 같아. A : 우리가 집에 데려다 줘야겠다. 110 A : 너 일을 아주 잘하고 있는 것 같은데. B : 거기서 일하는 거 아주 즐거워. | A : 네 남친 어때? B : 아주 끝내주지! A : 너 임자를 만난 것 같은데. 111 A : 저녁으로 피자 시키자. B : 맛있을 것 같은데. | A : 우리 언제 놀러 나갈래? B : 재미있을 것 같은데. 112 A : (지금 먹고 있는) 치킨 어때? B : 정말 맛있어. | A : 아이스크림 맛이 어때? B : 끝내주게 맛있어.

Pattern  113-122

Chapter 15

네이티브만 쓰는 동사 (Wish, Swear, See, Wonder, Guess, Hit, Forget, Head, Remind)

흔히 접할 수 있는 영어 콘텐츠나 영화, 미드 등에서 자주 보이는 표현 중에 보면 무슨 의미인지 어렴풋이 알지만 막상 내가 쓰려고 하면 절대 쓸 수 없는 표현들이 있습니다. 쉽지만 원어민들만 쓰는 동사 표현을 정리했습니다.

Date. . .

☐☐☐

I wish I could ~.

~할 수 있다면 좋겠어요.

I wish I could *go on a trip.*

여행 갈 수 있다면 좋겠어요.

I wish I could *help you.*

당신을 도와드릴 수 있다면 좋겠어요.

I wish I could *win the lottery.*

복권에 당첨될 수 있다면 좋겠어요.

I wish I could *kick my roommate out.*

제 룸메이트를 쫓아낼 수 있다면 좋겠어요.

I wish I could *retire.*

은퇴할 수 있다면 좋겠어요.

win the lottery 복권에 당첨되다 retire 은퇴하다, 퇴직하다

I wish I could ~.는 현재 이루어질 가능성이 낮거나 불가능한 일에 대해 그것을 할 수 있다면 좋겠다는 바람을 나타내는 표현입니다. 현재에 대한 소망을 나타낸다는 점에 주의하면 됩니다.

Date. . .

I wish I were ~.

~라면 좋을 텐데.

I wish I were *taller.*

키가 좀 더 크면 좋을 텐데.

I wish I were *in better shape.*

몸매가 더 좋으면 좋을 텐데.

I wish I were *younger.*

좀 더 어리다면 좋을 텐데.

I wish I were *better at my job.*

일을 좀 더 잘하면 좋을 텐데.

I wish I were *able to help.*

내가 도와줄 수 있다면 좋을 텐데.

현실적으로 실현 가능성이 적거나 불가능한 바람인 줄은 알지만 '내가 어땠으면 좋을 텐데'라면 넋두리(?)를 하고 싶을 때는 I wish I were ~. 패턴을 활용해 보세요. 영문법에서는 이것을 I wish 가정법이라고 합니다.

Date.

□ □ □

I swear ~.

맹세코 ~예요.

I swear *you look great.*

맹세코 당신 진짜 근사해 보여요.

I swear *we'll win.*

맹세코 우린 이길 거예요.

I swear *I didn't say that.*

맹세코 저는 그렇게 말하지 않았어요.

I swear *I never kissed her.*

맹세코 난 그녀랑 키스하지 않았어요.

I swear *I will try harder next time.*

맹세코 다음번에는 더 열심히 할게요.

next time 다음 번에

swear은 '맹세하다'라는 뜻으로 I swear ~.는 자신의 말에 신뢰를 더하기 위해서 앞에 붙이는 패턴입니다. 특히 swear는 하느님이나 신께 맹세하는 것으로 기독교 백그라운드인 미국에서는 하느님 이름으로 맹세한다고 하니 정말 진지한 맹세가 되는 것이지요.

Date. . .

□□□

I'll see if ~.

~인지 확인해 볼게요.

I'll see if *the store is open.*

그 가게가 문을 열었는지 확인해 볼게요.

I'll see if *I can get a reservation.*

제가 예약을 할 수 있는지 확인해 볼게요.

I'll see if *the doctor is in.*

의사 선생님이 안에 계신지 제가 확인해 볼게요.

I'll see if *she knows the answer.*

그녀가 답을 알고 있는지 확인해 볼게요.

I'll see if *you can come with me.*

당신이 저랑 함께 갈 수 있는지 확인해 볼게요.

reservation (식당, 호텔 등의) 예약 * appointment는 미용사, 의사 등 '사람과의 예약'

I'll see if ~.는 '~인지 아닌지 확인해 볼게요'란 뜻으로, 어떤 정보나 상황을 정확히 파악하기 위해 확인해 본다는 의미의 패턴입니다.

Date. . .

□ □ □

I was wondering if ~.

혹시 ~일까 해서요.

I was wondering if *you could give me a raise.*

혹시 월급을 올려주실 수 있을까 해서요.

I was wondering if *you are free next Saturday.*

혹시 다음 주 토요일에 시간이 있으신가 해서요.

I was wondering if *you want to go shopping.*

혹시 쇼핑을 가시고 싶나 해서요.

I was wondering if *you have any jobs available.*

혹시 제공하실 일자리가 있을까 해서요.

I was wondering if *you can help me.*

혹시 저를 도와주실 수 있을까 해서요.

available 이용 가능한

뭔가를 부탁하거나 도움을 요청할 때 앞에 I was wondering if ~.(혹시 ~일까 해서요. ~일지 궁금해서요)를 붙이면 굉장히 조심스럽고 정중하게 들립니다. 데이트 신청이나 껄끄러운 부탁 등을 하고 싶을 때 이 패턴을 사용하면 됩니다.

Date. . .

□□□

I guess I was ~. 제가 ~였던 것 같아요.

I guess I was *wrong.*

제가 틀렸던 것 같아요.

I guess I was *rude.*

제가 무례했던 것 같아요.

I guess I was *lost.*

제가 정신이 없었던 것 같아요.

I guess I was *short with him.*

제가 그 사람에게 퉁명스럽게 굴었던 것 같아요.

I guess I was *expecting something else.*

제가 다른 것을 기대했던 것 같아요.

be short with ~에게 퉁명스럽게 대하다

I guess I was ~.는 자신의 과거 모습을 돌아보면서 현재 자신이 생각하는 판단을 말하는 패턴입니다. 과거 사실에 대한 현재의 판단이기에 그 당시에는 그렇게 생각하지 않았을 수도 있습니다.

Date. . .

□ □ □

Hit ~.

~을 눌러./~을 때려./~에 들러.

Hit *5th floor.*

5층 눌러줘.

Hit *right here.*

바로 여기를 눌러.

Hit *once more.*

한 번 더 눌러.

Hit *it harder.*

좀 더 세게 때려.

Hit *Jack's bar.*

Jack's bar에 들르자.

동사 hit은 '때리다, 치다'라는 의미로 익숙할 텐데, 미국에서는 '누르다', '들르다'란 뜻으로 일상 생활에서 널리 사용되는 단어이기도 합니다. 가령 엘리베이터를 탔는데 옆에 있는 미국인이 Hit five, please.라고 하면 "5층 좀 눌러주세요"란 뜻입니다.

Date. . .

□□□

Forget about ~.

~은 잊어버려.

Forget about *yesterday's game.*

어제 경기는 잊어버려.

Forget about *what happened at the party.*

파티에서 있었던 일은 잊어버려.

Forget about *it.*

그건 신경 쓰지 마.

Forget about *him.*

걔는 신경 쓰지 마.

Forget about *meeting me at the bar.*

술집에서 나 만나기로 한 거 잊어버려.

Forget about ~.은 '~은 잊어버려, ~은 신경 쓰지 마'라는 뜻으로, 안 좋은 일은 훌훌 털어버리라고 위로할 때 자주 사용합니다. 하지만 상황에 따라 '~은 생각도 하지 마, ~은 기대도 하지 마'라는 뜻으로도 사용할 수 있으니 함께 기억해두기 바랍니다.

Date.

I'm heading ~.

~로 가는 중이에요.

I'm heading *home now.*

지금 집에 가는 중이에요.

I'm heading *upstairs.*

위층으로 가는 중이에요.

I'm heading *to a meeting.*

회의하러 가는 중이에요.

I'm heading *to lunch.*

점심 식사하러 가는 중이에요.

I'm heading *back to work.*

다시 일하러 가는 중이에요.

upstairs 위층에, 위층으로

head는 '머리'란 뜻의 명사로 가장 익숙하시겠지만, head는 회화에서 '~로 가다, ~로 향하다'란 뜻의 동사로 정말 많이 쓰입니다. 원어민들은 I'm going ~.보다 I'm heading ~.을 더 많이 쓰는 것 같습니다.

PATTERN CHALLENGE

Date. . .

122

□ □ □

Please remind me to ~. 저에게 ~하라고 알려 주세요.

Please remind me to *pick up some milk.*

우유 사라고 저에게 알려 주세요.

Please remind me to *give her a call later.*

나중에 그녀에게 전화하라고 저에게 알려 주세요.

Please remind me to *put gas in the car.*

차에 기름을 좀 넣으라고 저에게 알려 주세요.

Please remind me to *pay the bills.*

공과금 내라고 저에게 좀 알려 주세요.

Please remind me to *walk the dog.*

개 산책시키라고 저에게 좀 알려 주세요.

pay the bills 공과금을 내다

remind는 원래 '생각나게 하다'라는 의미로 쓰는 동사입니다. 따라서 Please remind me to ~.는 까먹을 것을 대비해서 나중에 다시 한 번 이야기해달라고 부탁할 때 쓰는 패턴입니다. 건망증이 심한 사람들이 애용할 패턴이 되겠습니다.

113

A : **I wish I could** *kick my roommate out.*

B : Just do it.

……

A : **I wish I could** *go on a trip.*

B : Why can't you?

A : I don't have any money.

114

A : **I wish I were** *in better shape.*

B : You can start exercising.

……

A : **I wish I were** *younger.*

B : Come on. You are still at your 30s.

115

A : Sam told me you don't like me.

B : **I swear** *I didn't say that.*

……

A : How does this outfit look?

B : **I swear** *you look great.*

A : Are you sure?

116

A : Can I talk to the doctor?

B : **I'll see if** *the doctor is in.*

……

A : I'd love to try the new restaurant on North Street.

B : **I'll see if** *I can get a reservation.*

A : That would be awesome!

113 A : 내 룸메이트를 쫓아낼 수 있다면 좋겠어. B : 그냥 쫓아내. | A : 여행 갈 수 있다면 좋겠어. B : 왜 못 가는데? A : 돈이 없어. 114 A : 몸매가 더 좋으면 좋을 텐데. B : 운동을 시작해. | A : 내가 좀 더 어리다면 좋을 텐데. B : 왜 이래. 너 아직 30대잖아. 115 A : Sam이 네가 날 안 좋아한다고 하던데. B : 맹세코 난 그런 말 안 했어. | A : 이 옷 어때 보여? B : 맹세코 너 진짜 근사해 보여. A : 정말? 116 A : 의사 선생님과 얘기 좀 할 수 있을까요? B : 의사 선생님이 안에 계신지 제가 확인해 볼게요. | A : 노스 스트리트에 새로 오픈한 음식점 한번 가보고 싶은데. B : 예약할 수 있는지 확인해 볼게. A : 그래 주면 너무 좋지!

117

A : **I was wondering if** *you are free next Saturday.*

B : For what?

A : I was hoping we could get some coffee.

……

A : **I was wondering if** *you have any jobs available.*

B : We have a sales position open.

A : Can I apply for it?

118

A : **I guess I was** *wrong.*

B : You owe me an apology.

……

A : Why is he upset with you?

B : **I guess I was** *short with him.*

119

A : Where should I click?

B : **Hit** *right here.*

……

A : Did I do it right?

B : **Hit** *once more.*

A : Okay!

117 A : 혹시 다음 주 토요일에 시간이 있으신가 해서요. B : 왜 그러시죠? A : 우리 커피나 한잔 하면 어떨까 해서요. | A : 혹시 거기에 일자리가 있나 해서요. B : 영업직 자리가 있어요. A : 제가 지원할 수 있을까요? 118 A : 내가 틀렸던 거 같아. B : 너 나한테 사과해야 해. | A : 왜 그 사람 너한테 열 받았어? B : 내가 그 사람에게 퉁명스럽게 굴었던 것 같아. 119 A : 어디를 클릭하면 되지? B : 바로 여기를 눌러. | A : 내가 맞게 했어? B : 한 번 더 눌러. A : 알겠어!

120

A : **Forget about** *what happened at the party.*

B : I made a fool out of myself.

……

A : **Forget about** *meeting me at the bar.*

B : Why?

A : I have to work late.

121

A : Where are you going?

B : **I'm heading** *to a meeting.*

A : What meeting?

……

A : Where are you?

B : **I'm heading** *back to work.*

122

A : **Please remind me to** *pick up some milk.*

B : I'll try to remember.

……

A : Your mom called while you were out.

B : **Please remind me to** *give her a call later.*

120 A : 파티에서 있었던 일은 잊어버려. B : 완전 바보짓 했어. | A : 술집에서 나 만나기로 한 거 잊어버려. B : 왜? A : 야근해야 돼. 121 A : 어디 가는 중? B : 난 회의하러 가는 중이야. A : 무슨 회의인데? | A : 너 지금 어디야? B : 다시 일하러 가는 중이야. 122 A : 우유 사라고 나에게 좀 알려줘. B : 기억하도록 노력해 볼게. | A : 너 밖에 나갔을 때 너희 엄마가 전화하셨어. B : 나중에 엄마한테 전화드리라고 나에게 좀 알려줘.

Part 4

Perfect Timing(퍼펙트 타이밍) Perfect 의문사 패턴

의문사라고 하면 누가(who), 언제(when), 어디서(where), 무엇을(what), 왜(why), 어떻게(how)의 5W1H가 먼저 떠오르실 겁니다. 의문사를 이용해서 의문문을 만들 때는 어순도 신경 써야 하고 주어 뒤에 오는 동사의 형태도 생각해야 하고 지킬 문법 사항이 많습니다. 패턴으로 익히면 문법을 생각하지 않아도 됩니다.

Pattern 123-130

Chapter 16

What ~?

what을 '무엇'인지 물어볼 때만 쓰는 의문사라고 생각하면 오산입니다. what을 활용해서 방법을 물어볼 수도 있고, 이유를 물어볼 수도 있습니다. '~하면 어쩌죠?'라는 말을 할 때도 what을 쓸 수 있죠. 생각보다 훨씬 쓰임이 다양한 what을 활용한 패턴만 모았습니다.

Date. . .

☐☐☐

What if ~?

~하면 어쩌죠?

What if *I get up late*?

늦게 일어나면 어쩌죠?

What if *I get fired*?

제가 잘리면 어쩌죠?

What if *you dump me*?

당신이 날 차버리면 어쩌죠?

What if *I get lost*?

길을 잃으면 어쩌죠?

What if *it rains all day*?

하루종일 비가 오면 어쩌죠?

get lost 길을 잃다

What if ~?는 '만약에 ~하면 어쩌죠?'란 뜻으로, 원치 않는 상황이 발생할까 걱정되는 마음을 표현하는 패턴입니다. if 다음에 '주어+동사'의 문장을 쓰면 됩니다.

PATTERN CHALLENGE
124

Date. . .

What makes you ~? 왜 ~해요?

What makes you
change your mind?

왜 마음을 바꾸셨나요?

What makes you
stop by?

왜 들렀어요?

What makes you
want to learn to cook?

왜 요리를 배우고 싶으세요?

What makes you
apply for a sales job?

왜 영업직에 지원했나요?

What makes you
think you're the right person for the job?

왜 당신이 이 일에 딱 맞는 사람이라고 생각하죠?

stop by 잠시 들르다

What makes you ~?는 직역하면 '무엇이 당신을 ~하게 만드나요?'인데, 우리말로는 '왜 ~해요?'라고 해석하는 것이 자연스럽습니다. '왜'를 우리는 보통 Why를 써서 표현하지만, 원어민들은 What makes you ~?로 많이 말합니다.

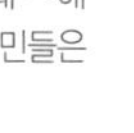

Date. . .

☐☐☐

What do you think of ~?

~ 어때요?

What do you think of
my hair?

내 머리 어때요?

What do you think of
my boyfriend?

내 남친 어때요?

What do you think of
our new manager?

우리 새로 온 매니저 어때요?

What do you think of
the new guy in Accounting?

회계부에 새로 온 직원 어때요?

What do you think of
my new Tesla?

저의 새 테슬라 어때요?

accounting 회계부서

What do you think of ~?는 '~에 대해 어떻게 생각해요?, ~ 어때요?'란 뜻으로, 어떤 대상에 대한 상대방의 의견을 물을 때 사용하는 패턴입니다. of 대신 about을 쓸 수도 있습니다. '어떻게'라는 말 때문에 괜히 How를 쓰지 않도록 조심하기 바랍니다.

Date.

What do you want to ~?

뭘 ~하고 싶어요?

What do you want to *drink*?

뭘 마시고 싶어요?

What do you want to *know*?

뭘 알고 싶어요?

What do you want to *see while we're here*?

여기 있는 동안 뭘 보고 싶어요?

What do you want to *do for Christmas*?

크리스마스 때 뭐 하고 싶어요?

What do you want to *watch on TV*?

TV에서 뭘 보고 싶어요?

see 보다, 구경하다, 관광하다

Do you want to ~? 의문문에 What을 붙여 상대방에게 구체적으로 하고 싶은 것이 무엇인지 묻는 표현입니다. to 다음에는 동사원형이 반드시 옵니다.

Date. . .

□□□

What are you trying to ~?

뭘 ~하려고 하는 거예요?

What are you trying to *make*?

뭘 만들려고 하는 거예요?

What are you trying to *find*?

뭘 찾으려고 하는 거예요?

What are you trying to *accomplish*?

뭘 성취하려고 하는 거예요?

What are you trying to *say*?

무슨 말을 하려는 거예요?

What are you trying to *do with your life*?

인생을 어떻게 살려고 하는 거예요?

accomplish 성취하다

'try to+동사원형'은 '~하고자 노력하다'라는 뜻이니 현재진행형으로 쓰면 '~하고자 노력하는 중이다'라는 의미가 됩니다. 여기에 What을 붙여 상대방에게 무엇을 하려고 하는 중인지를 묻는 패턴이 된 것입니다.

Date. . .

What's the best way to ~?

~하는 가장 좋은 방법은 뭔가요?

What's the best way to *make a fortune*?

부를 이룰 수 있는 가장 좋은 방법은 뭔가요?

What's the best way to *be good at English*?

영어를 잘할 수 있는 가장 좋은 방법은 뭔가요?

What's the best way to *get to the city*?

그 도시에 가는 가장 좋은 방법은 뭔가요?

What's the best way to *find a boyfriend*?

남친을 찾는 가장 좋은 방법은 뭔가요?

What's the best way to *make coffee*?

커피를 만드는 가장 좋은 방법은 뭔가요?

make a fortune 부를 이루다, 재물을 모으다, 돈을 벌다

What's the best way to ~?는 어떠한 일을 하는 데에 있어 가장 좋은 방법이 무엇인지 상대방에게 조언을 구하고 싶을 때 쓸 수 있는 패턴입니다.

What do you mean by ~? ~이 무슨 의미예요?

What do you mean by *that*?

그게 무슨 의미예요?

What do you mean by *your text message*?

당신 문자 메시지 무슨 의미예요?

What do you mean by *that look*?

그렇게 쳐다보는 건 무슨 의미예요?

What do you mean by *ignoring me*?

절 무시하는 건 무슨 의미예요?

What do you mean by *standing me up*?

절 바람맞힌 건 무슨 의미예요?

text message 문자 메시지 stand+사람+up ~를 바람맞히다

상대방이 한 말이나 행동의 의미를 파악하려고 다시 되물어볼 때 쓰는 패턴입니다. by 뒤에 의미나 의도가 궁금한 말이나 행동을 넣어 구체적으로 물어보면 됩니다.

PATTERN CHALLENGE

130

Date. . .

□□□

What happened to ~?

~은 어떻게 된 거예요?

What happened to *her voice*?

그녀 목소리는 어떻게 된 거예요?

What happened to *your leg*?

당신 다리 어떻게 된 거예요?

What happened to *your sister*?

당신 누나에게 무슨 일 있어요?

What happened to *your vacation*?

당신 휴가 어떻게 된 거예요?

What happened to *his car*?

그 사람 차에 무슨 일이 생겼나요?

vacation 휴가, 방학

"무슨 일이야?"라고 할 때 What happened?라고 말하는 거 많이 들어보셨죠? 여기서는 이 표현을 좀 더 확장한 What happened to ~? 패턴을 배워보겠습니다. 이 패턴은 '~에게 무슨 일이 생겼나요?, ~은 어떻게 된 거예요?'라고 물어보고 싶은 상황에서 씁니다.

123

A : **What if** ***I get fired*****?**

B : You won't get fired.

......

A : **What if** ***you dump me*****?**

B : I would never leave you!

124

A : **What makes you** ***stop by*****?**

B : I missed you.

A : I missed you, too!

......

A : **What makes you** ***think you're the right person for the job*****?**

B : I'm qualified, and I love this store.

A : I think you're a good fit.

125

A : **What do you think of** ***my hair*****?**

B : I love your new style.

......

A : **What do you think of** ***our new manager*****?**

B : I think she's rude.

A : Really? I think she's nice!

126

A : **What do you want to** ***see while we're here*****?**

B : I'd love to see Central Park.

......

A : **What do you want to** ***do for Christmas*****?**

B : Can we invite our family over?

A : That sounds good to me.

123 A : 내가 잘리면 어쩌지? B : 넌 안 잘릴 거야. | A : 만약 네가 날 차버리면 어쩌지? B : 난 절대 널 떠나지 않아! 124 A : 왜 들렀어? B : 네가 보고 싶었어. A : 나도 네가 보고 싶었는데! | A : 왜 당신이 이 자리에 딱 맞는 사람이라고 생각하죠? B : 제가 자격이 되고 저는 이 가게를 아주 좋아합니다. A : 제 생각에 당신이 이 자리에 딱이네요. 125 A : 내 머리 어때요? B : 당신 새 헤어스타일 완전 맘에 들어요. | A : 우리 새로 온 매니저 어때요? B : 그 여자 아주 무례한 것 같아요. A : 그래요? 괜찮은 것 같던데! 126 A : 여기 있는 동안 뭘 보고 싶으세요? B : 센트럴 파크를 보고 싶어요. | A : 크리스마스 때 뭐 하고 싶어? B : 우리 가족을 이리로 초대해도 될까? A : 그거 좋은데.

□□□

127

A : **What are you trying to *say*?**

B : I think we should see other people.

……

A : **What are you trying to *make*?**

B : I'm trying to make homemade pasta.

A : Can I help you?

128

A : **What's the best way to *make a fortune*?**

B : Work hard.

……

A : **What's the best way to *get to the city*?**

B : I think you should take the train.

129

A : **What do you mean by *standing me up*?**

B : Didn't you get my text that I couldn't make it?

A : No, I never got it.

……

A : **What do you mean by *that look*?**

B : What look?

A : You look like you're mad at me.

130

A : **What happened to *her voice*?**

B : She's been sick.

……

A : **What happened to *your sister*?**

B : She got in a car accident.

A : I hope she's okay!

127 A : 무슨 말을 하려는 거니? B : 우리 다른 사람들을 만나야 할 것 같아. | A : 뭘 만들려고 하는 거야? B : 홈메이드 파스타를 만들려고 하는 중이야. A : 내가 도와줄까? 128 A : 부를 이루는 가장 좋은 방법은 무엇인가요? B : 열심히 일하는 것입니다. | A : 그 도시에 가는 가장 좋은 방법은 뭐죠? B : 기차를 타는 것 같습니다. 129 A : 날 바람맞힌 건 무슨 의미지? B : 못 간다는 내 문자 안 받았어? A : 아니, 못 받았는데. | A : 그렇게 쳐다보는 건 무슨 의미야? B : 뭘 어떻게 쳐다보는데? A : 나한테 화난 것처럼 쳐다보잖아. 130 A : 그녀 목소리는 어떻게 된 거야? B : 그녀가 계속 아팠어. | A : 너희 누나 무슨 일 있니? B : 교통 사고가 났어. A : 괜찮으셔야 할 텐데!

Pattern  131-138

Chapter 17

Where ~? / When ~?

where는 장소를, when은 시간을 물을 때 쓰는 의문사입니다. 두 의문사 모두 Where is ~?, When is ~?와 같은 기본 문형은 어렵지 않지만 응용 패턴을 쓰는 것이 중요합니다. 원어민들이 잘 쓰는 응용 패턴을 정리했습니다.

PATTERN CHALLENGE

131

Date. . .

□ □ □

Where are ~?

~은 어디 있어요?

Where are *you*?

당신은 어디 있어요?

Where are *my keys*?

제 열쇠가 어디에 있어요?

Where are *your manners*?

당신 매너는 어디에 둔 거죠?

Where are *we going*?

우리 지금 어디 가고 있어요?

Where are *you taking me*?

절 어디로 데리고 가는 거죠?

manners 매너, 예의범절

사람이나 사물의 위치 또는 행방을 물을 때 쓰는 패턴입니다. 주어가 단수일 때는 Where is ~?를 쓰고, 복수일 때는 Where are ~? 패턴을 쓰면 됩니다.

Date. . .

□□□

Where did you get ~?

~을 어디서 샀어요/구했어요?

Where did you get *this wine*?

이 와인은 어디서 샀어요?

Where did you get *your earrings*?

당신 귀걸이 어디서 샀어요?

Where did you get *the tickets*?

그 티켓들은 어디서 구했어요?

Where did you get *that information*?

그 정보는 어디서 구했어요?

Where did you get *that*?

저건 어디서 났어요?

earring 귀걸이

동사 get에는 '사다', '구하다'란 의미가 있습니다. 그래서 Where did you ~?에 동사 get을 추가하여 Where did you get ~?이라고 하면 어떤 것을 어디서 사거나 구했는지 물어보는 패턴이 됩니다.

PATTERN CHALLENGE

133

Date. . .

Where have you ~?

어디서 ~했어요?

Where have you *been*?

어디에서 있었어요?

Where have you *been hiding*?

그동안 어디에 있었던 거예요?

Where have you *traveled*?

어디를 여행했어요?

Where have you *been in Europe*?

유럽 어디에 있었어요?

Where have you *worked before*?

전에 어디에서 일했어요?

in Europe 유럽에, 유럽에서

어디에서 뭘 하며 지냈는지를 물을 때 사용하는 패턴입니다. Where have you 다음에는 동사의 과거분사형(p.p.)을 써야 합니다.

Date. . .

□ □ □

Where is the best place to ~?

~하기에 가장 좋은 곳이 어디죠?

Where is the best place to *relax*?

쉬기에 가장 좋은 곳이 어디죠?

Where is the best place to *eat*?

식사하기에 가장 좋은 곳이 어디죠?

Where is the best place to *shop for a new phone*?

새 전화기 사기에 가장 좋은 곳이 어디죠?

Where is the best place to *get my hair cut*?

머리 자르기에 가장 좋은 곳이 어디죠?

Where is the best place to *hang this picture*?

이 그림을 걸기에 가장 좋은 곳이 어디죠?

get one's hair cut 머리를 자르다

무언가를 하기에 최적의 장소를 묻는 질문이에요. 쇼핑 정보를 얻을 때, 호텔을 예약할 때, 여행할 때 등 유용하게 쓸 수 있습니다. to 다음에는 eat, shop, get과 같은 동사원형이 옵니다.

PATTERN CHALLENGE

135

Date. . .

□□□

Where should we ~? 우리 어디로 ~해야 할까요?

Where should we *go shopping*?

우리 어디로 쇼핑하러 가야 할까요?

Where should we *go for dinner*?

우리 저녁 먹으러 어디로 가야 할까요?

Where should we *go from here*?

우리 여기서 어디로 가야 할까요?

Where should we *start*?

우리 어디에서 시작을 해야 할까요?

Where should we *hold the meeting*?

우리 어디에서 회의를 해야 할까요?

hold a meeting 회의를 하다, 회의를 개최하다

조동사 should에는 '~해야 한다'는 의미가 포함되어 있습니다. 그러므로 Where should we ~?는 '우리가 어디로/어디에서 ~을 해야 할까요?'란 의미가 됩니다.

Date. . .

□□□

When did you ~?

언제 ~했어요?

When did you *get here*?

언제 여기에 왔어요?

When did you *finish this*?

언제 이것을 끝냈어요?

When did you *graduate*?

언제 졸업했어요?

When did you *start dating*?

언제 데이트를 시작했어요?

When did you *change your mind*?

언제 마음을 바꿨어요?

graduate 졸업하다 change one's mind 마음을 바꾸다

when은 '언제'라는 뜻으로 때를 묻는 의문사죠. 그래서 When did you ~?라고 과거형이 되면 상대방에게 사건이 벌어진 과거의 때를 물을 때 쓸 수 있는 패턴이 됩니다.

Date.   .   .

□□□

When was the last time ~?

마지막으로 ~한 게 언제죠?

When was the last time *you saw her*?

마지막으로 그녀를 본 게 언제죠?

When was the last time *you had a regular checkup*?

마지막으로 정기검진을 받은 게 언제죠?

When was the last time *you went to work*?

마지막으로 출근한 게 언제죠?

When was the last time *you played golf*?

마지막으로 골프 쳤던 게 언제죠?

When was the last time *we got together*?

마지막으로 우리가 만났던 게 언제죠?

regular checkup (병원의) 정기검진 **get together** 모이다, 만나다

무언가를 마지막으로 경험한 시기를 묻는 질문으로, When was the last time 뒤에는 '주어+동사 과거형'의 어순으로 문장을 쓰면 됩니다.

PATTERN CHALLENGE
138

Date. . .

□ □ □

When is the best time ~?

언제가 ~하기에 가장 좋은가요?

When is the best time *to give it a try*?

언제가 시도하기에 가장 좋은가요?

When is the best time *to call*?

언제가 전화 걸기에 가장 좋은가요?

When is the best time *to go on vacation*?

언제가 휴가 가기에 가장 좋은가요?

When is the best time *to text you*?

언제가 당신에게 문자 보내기에 가장 좋은가요?

When is the best time *to exercise*?

언제가 운동하기에 가장 좋은가요?

text 문자를 보내다

When is the best time ~?은 어떤 일을 하는 가장 적기가 언제인지 물어볼 때 쓸 수 있는 패턴입니다. the best time은 '가장 좋은 시간'을 가리킵니다.

131

A : **Where are** *my keys*?

B : They are in the kitchen.

......

A : **Where are** *your manners*?

B : What do you mean?

A : You're being so rude!

132

A : **Where did you get** *your earrings*?

B : I got them at a store in France.

A : They are so pretty!

......

A : **Where did you get** *the tickets*?

B : A friend gave them to me.

A : They're so hard to find!

133

A : **Where have you** *traveled*?

B : I've been all over.

......

A : **Where have you** *worked before*?

B : I've worked at a few shops.

A : Do you have sales experience?

134

A : **Where is the best place to** *eat*?

B : I like eating at the café.

......

A : **Where is the best place to** *hang this picture*?

B : I think it would look good on that wall.

A : Good choice!

131 A : 내 열쇠 어디에 있어? B : 부엌에 있어. | A : 너 매너는 어디에 둔 거야? B : 그게 무슨 말이야? A : 너 지금 너무 무례하잖아! **132** A : 네 귀걸이 어디서 샀어? B : 프랑스에 있는 가게에서 샀어. A : 정말 이쁘다! | A : 그 티켓들 어디서 구했어? B : 친구가 줬는데. A : 구하기 진짜 힘든 티켓인데! **133** A : 어디를 여행했어요? B : 여기저기 다요. | A : 전에 어디에서 일을 했나요? B : 가게 몇 군데에서 일을 했습니다. A : 판매 경험이 있나요? **134** A : 식사하기에 가장 좋은 곳이 어디죠? B : 전 카페에서 먹는 것을 좋아합니다. | A : 이 그림을 걸기에 가장 좋은 곳이 어디야? B : 내 생각에는 저쪽 벽이 좋을 듯. A : 좋은 선택이야!

135

A : **Where should we** *go from here*?

B : Let's head home.

......

A : **Where should we** *hold the meeting*?

B : The conference room is booked.

A : What about your office?

136

A : **When did you** *get here*?

B : Just a few minutes ago.

......

A : We've been together for years!

B : **When did you** *start dating*?

A : When we were in college.

137

A : **When was the last time** *you saw her*?

B : I saw her last week.

......

A : I've been so sick.

B : **When was the last time** *you went to work*?

A : I went in on Monday.

138

A : **When is the best time** *to call*?

B : I'd call her after work.

......

A : **When is the best time** *to go on vacation*?

B : I would go in the summer.

A : I don't like the heat.

135 A : 우리 여기서 어디로 가야 할까? B : 집으로 가자. | A : 우리 회의를 어디에서 해야 할까? B : 회의실은 예약이 되어 있네. A : 네 사무실은 어때? 136 A : 언제 여기에 왔어? B : 몇 분 전에. | A : 우린 몇 년째 사귀고 있어! B : 데이트는 언제 시작했는데? A : 대학 때부터. 137 A : 마지막으로 그녀를 본 게 언제죠? B : 지난주에 봤어요. | A : 계속 너무 아팠어요. B : 마지막으로 출근한 게 언제죠? A : 월요일에 출근했어요. 138 A : 언제가 전화 걸기에 가장 좋지? B : 나라면 퇴근후에 걔한테 전화하겠어. | A : 언제가 휴가 가기에 가장 좋지? B : 나라면 여름에 가겠어. A : 난 더위가 질색이라서.

Chapter 18

Who ~? / Which ~?

who는 '누구'인지 물을 때는 물론 '~을 하고 싶은 사람은 누구예요?', '누가 할 거예요?'를 물어볼 때도 활용할 수 있습니다. which는 선택의 폭이나 범위가 정해져 있을 때 '어느 쪽'인지를 묻는 의문사입니다. 뒤에 어떤 표현을 붙이느냐에 따라 다양하게 활용이 가능합니다.

139 Who wants to ~?
140 I wonder who ~.
141 I wonder which ~.
142 It doesn't matter which ~.
143 Can anyone tell me which ~?
144 Is there anyone who ~?
145 Which way is ~?

Date.

Who wants to ~?

~하고 싶은 사람?

Who wants to *have more chicken*?

치킨 더 먹고 싶은 사람?

Who wants to *go swimming*?

수영하러 가고 싶은 사람?

Who wants to *run to the store*?

가게에 갈 사람?

Who wants to *give me a ride*?

나 좀 태워줄 사람?

Who wants to *go for a walk*?

산책하러 가고 싶은 사람?

go for a walk 산책하러 가다

'~을 원하는 사람?', '~하고 싶은 사람?'이라는 뜻으로 여러 사람이 있을 때 특정 사항에 대한 의향이 어떤지 묻는 표현이에요. '설마 ~하고 싶은 사람이 있겠어?'라는 의미로도 쓰이니 참고해 두세요.

Date. □□□

I wonder who ~.

누가 ~한지 궁금해요.

I wonder who *left this box.*

누가 이 상자를 두었는지 궁금해요.

I wonder who *made this mess.*

누가 이렇게 어질러놨는지 궁금해요.

I wonder who *will be at the party.*

누가 파티에 올 것인지 궁금해요.

I wonder who *left these flowers.*

누가 이 꽃들을 남겨 두었는지 궁금해요.

I wonder who *left this message.*

누가 이 메시지를 남겼는지 궁금해요.

leave a message 메시지를 남기다

I wonder who ~.는 어떤 행동을 한 사람이 누구인지 궁금할 때 쓰는 패턴입니다. who 다음에는 동사구가 따라 나오는 게 원칙입니다.

PATTERN CHALLENGE

141

Date. . .

□ □ □

I wonder which ~.

어느 것이 ~인지 궁금해요.

I wonder which *part I will play.*

어느 역할을 내가 연기할지 궁금해요.

I wonder which *shoes are more comfortable.*

어떤 신발이 더 편한지 궁금해요.

I wonder which *color to choose.*

어떤 색을 선택해야 할지 모르겠어요.

I wonder which *kind I should order.*

어떤 종류로 주문해야 할지 모르겠어요.

I wonder which *jacket I should take.*

어떤 재킷을 걸쳐야 할지 모르겠어요.

여러 가지 선택사항 중에 어느 것을 선택해야 할지 모르거나 분간이 되지 않을 때 I wonder which ~. 패턴을 사용합니다. 우리나라 사람들은 wonder가 나오면 우선 부담부터 갖는데 예문을 통해 소화를 하면 전혀 문제가 되지 않습니다.

Date. . .

□□□

It doesn't matter which ~.

어느 ~을 해도 상관없어요.

It doesn't matter which *movie we see.*

어느 영화를 보더라도 상관없어요.

It doesn't matter which *one you choose.*

당신이 어느 것을 선택해도 상관없어요.

It doesn't matter which *number you call.*

어느 번호로 전화하든 상관없어요.

It doesn't matter which *way you go.*

어느 길로 가든 상관없어요.

It doesn't matter which *one you take.*

당신이 어느 것을 가져도 상관없어요.

어떤 것을 선택하더라도 나는 별로 신경을 쓰지 않는다고 할 때 쓰는 패턴입니다. It doesn't really matter to me which ~.라고 좀 더 길게 변형해서 사용해도 마찬가지 의미입니다.

Can anyone tell me which ~?

어떤 ~인지 누가 말씀해 줄 수 있나요?

Can anyone tell me which *desk is mine*?

어느 책상이 제 건지 누가 말씀해 줄 수 있나요?

Can anyone tell me which *place has the best pizza*?

어느 집이 최고의 피자집인지 누가 말씀해 줄 수 있나요?

Can anyone tell me which *customer was here first*?

어느 고객님이 가장 먼저 오셨는지 누가 말씀해 줄 수 있나요?

Can anyone tell me which *one to choose*?

어떤 것을 선택해야 하는지 누가 말씀해 줄 수 있나요?

Can anyone tell me which *way is the fastest*?

어떤 길이 가장 빠른 길인지 누가 말씀해 줄 수 있나요?

customer 고객

여러 가지 중에 필요하거나 찾는 것이 무엇인지 정확하게 가르쳐 달라고 요청할 때 쓸 수 있는 패턴입니다.

Date. . .

□ □ □

Is there anyone who ~?

혹시 ~하는 사람 있나요?

Is there anyone who *wants the leftovers*?

혹시 남은 음식 원하는 사람 있나요?

Is there anyone who *can fix this*?

혹시 이것을 고칠 수 있는 사람 있나요?

Is there anyone who *knows how to speak Spanish*?

혹시 스페인어를 할 줄 아는 사람 있나요?

Is there anyone who *wants a drink*?

혹시 마실 것 원하는 사람 있나요?

Is there anyone who *knows her number*?

혹시 그녀 번호 알고 있는 사람 있나요?

leftover 남은 음식(보통 복수형으로 사용함)

Is there anyone who ~?는 많은 사람들 중에 특정한 능력을 가진 사람을 찾거나 상황에 적합한 사람을 찾을 때 쓰는 패턴입니다.

Date. . .

□□□

Which way is ~?

~은 어느 쪽인가요?

Which way is *north*?

북쪽은 어느 쪽인가요?

Which way is *the train station*?

기차역은 어느 쪽인가요?

Which way is *the quickest*?

가장 빠른 것은 어느 쪽인가요?

Which way is *the bathroom*?

화장실은 어느 쪽인가요?

Which way is *the beach*?

바닷가는 어느 쪽인가요?

train station 기차역

어느 쪽이 가고자 하는 방향인지 모를 때 상대에게 목적지를 향한 길이나 방향을 질문하기에 요긴한 패턴입니다. what과 which가 헷갈릴 경우 선택의 범위가 정해지면 which가 더 자연스럽다고 생각하면 됩니다.

139

A : **Who wants to** *have more chicken*?

B : I'll have a piece.

......

A : **Who wants to** *run to the store*?

B : What do you need?

A : We need cheese.

140

A : **I wonder who** *left these flowers.*

B : It must be your secret admirer.

......

A : **I wonder who** *left this message.*

B : Does it have a name on it?

A : No, there's no name.

141

A : **I wonder which** *color to choose.*

B : Go with the blue one.

......

A : There are so many sandwiches on the menu.

B : I've heard they're all great.

A : **I wonder which** *kind I should order.*

142

A : Do you have a preference?

B : **It doesn't matter which** *one you choose.*

......

A : Which number should I use?

B : **It doesn't matter which** *number you call.*

A : I'll try the first one.

139 A : 치킨 더 먹고 싶은 사람? B : 나 한 조각만. | A : 가게에 갈 사람? B : 뭐가 필요한데? A : 치즈가 필요해. 140 A : 누가 이 꽃들을 남겨 두었는지 궁금해. B : 너를 몰래 좋아하는 사람임이 분명해. | A : 누가 이 메시지를 남겼는지 궁금해. B : 이름이 적혀 있어? A : 아니, 이름이 없어. 141 A : 어떤 색을 선택해야 할지 모르겠어. B : 파란색으로 해. | A : 메뉴에 샌드위치 종류가 정말 많아. B : 다 맛있다고 들었어. A : 어떤 종류로 주문해야 할지 모르겠어. 142 A : 넌 어떤 것을 더 좋아해? B : 어느 것을 네가 선택하든 난 상관없어. | A : 어느 번호를 내가 사용해야 돼? B : 어느 번호로 전화하든 상관없어. A : 첫 번째 번호로 걸게.

□□□

143

A : **Can anyone tell me which** *place has the best pizza***?**

B : I like Mario's Pizza the best.

……

A : **Can anyone tell me which** *customer was here first***?**

B : That guy has been here for a while.

144

A : **Is there anyone who** *wants a drink***?**

B : I'll have a beer.

A : Let me grab it for you.

……

A : **Is there anyone who** *knows her number***?**

B : I have it on my phone.

A : Can you give it to me?

145

A : **Which way is** *the train station***?**

B : It's over there.

……

A : **Which way is** *the quickest***?**

B : This street would be the best.

A : Thank you!

143 A : 어느 집이 최고의 피자집인지 누가 말해줄 수 있니? B : 나는 마리오 피자가 제일 좋아. | A : 어느 고객님이 가장 먼저 오셨는지 누가 말씀해 줄 수 있나요? B : 저 분이 한동안 여기 계셨어요. 144 A : 혹시 마실 것 원하는 사람 있어? B : 난 맥주. A : 내가 사 올게. | A : 혹시 그녀 번호를 알고 있는 사람? B : 내 전화기에 있는데. A : 나한테 좀 줄래? 145 A : 기차역은 어느 쪽인가요? B : 저쪽입니다. | A : 가장 빠른 것은 어느 쪽인가요? B : 이 도로가 최고인 것 같습니다. A : 감사합니다!

Pattern  146-154

Chapter 19

How ~?

how는 '~은 어때요?' 하고 의견을 물을 때 자주 쓰는 의문사입니다. 주로 '방법'이나 '정도'를 물을 때 쓰는 의문사이며, 다른 의문사처럼 덩어리로 묶어서 학습하면 편합니다.

146 How come ~?

147 How could you ~?

148 How did ~ go?

149 How often do you ~?

150 How long have you been ~?

151 How long will you ~?

152 How many times ~?

153 How am I supposed to ~?

154 How long before ~?

Date. . .

How come ~?

왜 ~해요?

How come *you are always late*?

왜 항상 늦나요?

How come *you didn't tell me*?

왜 나한테 말 안 했어요?

How come *you didn't text me*?

왜 나한테 문자 안 했어요?

How come *you won't answer my call*?

왜 내 전화 안 받나요?

How come *you started without me*?

왜 나 빼놓고 시작했어요?

text 문자를 보내다

How come은 '왜, 어째서'라는 뜻으로, 무언가의 '이유'를 물어보는 것은 Why와 비슷하지만 Why보다 좀 더 구체적으로 캐물어보는 표현입니다. How come 뒤에는 '주어+동사'의 평서문 어순이 오는 데 주의하세요.

Date. . .

☐☐☐

How could you ~?

어떻게 ~할 수 있어요?

How could you *say that to me*?

어떻게 나한테 그런 말을 할 수 있어요?

How could you *forget that*?

어떻게 그걸 까먹을 수 있어요?

How could you *do such a thing*?

어떻게 그런 짓을 할 수 있어요?

How could you *leave without telling me*?

어떻게 나한테 말도 안하고 떠날 수가 있어요?

How could you *steal my idea*?

어떻게 내 아이디어를 훔칠 수가 있어요?

How could you ~?는 상대방이 한 일에 대해 놀라움을 표현하거나 상대방의 잘못된 행동에 대해 강하게 비판할 때 사용하는 패턴으로, 보통 화가 난 상태에서 씁니다.

Date.

How did ~ go?

~은 어떻게 됐어요?

How did *the final exam* go?

기말 고사는 어떻게 됐어요?

How did *your blind date* go?

소개팅은 어떻게 됐어요?

How did *your interview* go?

면접은 어떻게 됐어요?

How did *your driving training* go?

운전연수는 어떻게 됐어요?

How did *your meeting* go?

회의는 어떻게 됐어요?

final exam 기말고사 blind date 소개팅 driving training 운전연수

How did ~ go?는 시험, 회의, 사업상의 문제, 영화, 경기 등등 어떤 일의 진행 상황이나 결말을 물을 때, 어떤 일을 마친 후의 전반적인 소감을 듣고 싶을 때 쓰는 패턴입니다.

Date. . .

□ □ □

How often do you ~?

얼마나 자주 ~해요?

How often do you *work out*?

얼마나 자주 운동해요?

How often do you *come here*?

얼마나 자주 여기에 와요?

How often do you *skip class*?

얼마나 자주 수업을 빼먹나요?

How often do you *drink that much*?

얼마나 자주 그렇게 많이 마시나요?

How often do you *eat dinner at home*?

얼마나 자주 집에서 저녁을 먹죠?

skip class 수업을 빼먹다, 수업을 제끼다

often이 '자주, 흔히'라는 뜻으로 빈도를 나타내는 부사라는 건 잘 알고 있죠? 빈도란 사건이나 행위가 얼마나 자주 일어나는지를 말합니다. 그래서 How often do you ~?는 상대방이 하는 어떤 행위나 일의 규칙성을 묻는 패턴입니다.

PATTERN CHALLENGE

Date. . .

150

□□□

How long have you been ~?

~한 지 얼마나 됐나요?

How long have you been *sick*?

아픈 지 얼마나 됐나요?

How long have you been *working on this*?

이걸 작업한 지 얼마나 됐나요?

How long have you been *a doctor*?

의사가 된 지 얼마나 됐나요?

How long have you been *dating each other*?

둘이 데이트한 지 얼마나 됐나요?

How long have you been *sitting here*?

여기에 앉아 계신 지 얼마나 됐나요?

work on ~을 작업하다, ~에 노력을 들이다

현재까지 무언가를 내내 해온 기간이 어느 정도인지 물을 때 쓰는 패턴입니다. have been 다음에는 형용사(구), 부사(구), 동사의 -ing형, 현재분사, 과거분사 등이 올 수 있습니다.

Date. . .

□□□

How long will you ~?

얼마 동안 ~할 거예요?

How long will you *be in town*?

얼마 동안 이 도시에 있을 거예요?

How long will you *be in the bathroom*?

얼마 동안 화장실 쓸 거예요?

How long will you *be gone on vacation*?

얼마 동안 휴가 갈 거예요?

How long will you *work here*?

얼마 동안 여기서 일할 거예요?

How long will you *live in Seoul*?

얼마 동안 서울에 사실 거예요?

go on vacation 휴가를 가다

How long will you ~?는 길이, 거리, 시간 등을 물을 때 사용하는 how long과 미래 조동사 will의 만남입니다. 특히 앞으로 소요될 기간을 물어볼 때 유용한 패턴이에요.

How many times ~?

몇 번이나 ~예요?

How many times
do I have to say no?

몇 번이나 제가 거절해야 돼요?

How many times
do I have to apologize to her?

몇 번이나 그녀에게 사과해야 돼요?

How many times
do I have to tell you?

몇 번이나 제가 말씀을 드려야 돼요?

How many times
do I need to repeat myself?

몇 번이나 제가 반복해야 돼요?

How many times
do I have to tell you to stop smoking?

담배 끊으라고 몇 번이나 말해야 돼요?

apologize 사과하다 stop smoking 금연하다

How many times ~?는 원래 횟수를 묻는 표현이에요. 여기에 have to나 need to를 연결하면 이미 여러 번 얘기를 했는데도 상대가 말을 듣지 않는 것에 대해 불만을 토로하거나 잔소리를 하는 표현이 됩니다.

Date. . .

□□□

How am I supposed to ~?

제가 어떻게 ~하겠어요?

How am I supposed to *live without you*?

제가 당신 없이 어떻게 살겠어요?

How am I supposed to *know that*?

제가 그걸 어떻게 알겠어요?

How am I supposed to *decide*?

제가 어떻게 결정을 하겠어요?

How am I supposed to *use this old computer*?

제가 어떻게 이렇게 오래된 컴퓨터를 쓰겠어요?

How am I supposed to *make him understand*?

제가 어떻게 그를 이해시킬 수 있겠어요?

be supposed to가 숙어로 '~하기로 되어 있다'란 뜻인 걸 아는 사람은 많습니다. 그렇지만 실제 회화에서 이를 써먹는 사람은 드뭅니다. be supposed to는 패턴 속에서 외워야 써먹을 수 있습니다.

Date. . .

□□□

How long before ~?

~하려면 얼마나 걸릴까요?

How long before *lunch*?

점심 시간까지 얼마나 있어야 해요?

How long before *our meeting*?

우리 회의하기까지 얼마나 있으면 돼요?

How long before *we land*?

착륙하려면 얼마나 걸릴까요?

How long before *we get there*?

거기에 도착하려면 얼마나 걸릴까요?

How long before *you can tell me*?

얼마나 더 있어야 저한테 말할 거예요?

land (비행기가) 착륙하다

How long before ~? 패턴은 사실 How long will it be before ~?의 축약형 표현입니다. before 다음에는 명사가 올 수도 있고 '주어+동사'의 문장이 올 수도 있습니다.

146

A : **How come** *you didn't tell me*?

B : I forgot.

......

A : **How come** *you didn't text me*?

B : I was driving.

147

A : **How could you** *leave without telling me*?

B : I didn't know where you were.

......

A : Why didn't you show up at my party?

B : I forgot all about it!

A : **How could you** *forget that*?

148

A : **How did** *the final exam* **go?**

B : I aced it!

......

A : **How did** *your interview* **go?**

B : I think it went well.

146 A : 왜 나한테 말 안 했어? B : 까먹었어. | A : 왜 나한테 문자 안 했어? B : 운전중이었어. 147 A : 어떻게 나한테 말도 없이 떠날 수가 있어요? B : 당신이 어디 있는지 몰랐어요. | A : 너 왜 내 파티에 오지 않았어? B : 완전 까먹고 있었어! A : 어떻게 그걸 까먹을 수가 있어? 148 A : 기말 고사 어떻게 됐어? B : 만점이지! | A : 너 면접 어떻게 됐어? B : 잘 본 것 같아.

149

A : **How often do you** *work out***?**

B : I run almost every day.

……

A : **How often do you** *drink that much***?**

B : A couple times a week.

A : That's too much!

150

A : **How long have you been** *sick***?**

B : It's been a week.

A : You should go to the doctor.

……

A : **How long have you been** *dating each other***?**

B : Just over a month.

A : That's not too long.

151

A : **How long will you** *be in town***?**

B : Just for a few days.

……

A : I'm going to use the restroom.

B : **How long will you** *be in the bathroom***?**

A : Just a few minutes.

149 A : 얼마나 자주 운동해요? B : 거의 매일 달립니다. | A : 얼마나 자주 그렇게 많이 마셔? B : 일주일에 두어 번. A : 그건 너무 많은데! 150 A : 아픈 지 얼마나 됐어요? B : 일주일이요. A : 병원에 가봐요. | A : 둘이 데이트한 지 얼마나 됐어? B : 한 달 조금 넘었어. A : 그렇게 길지는 않네. 151 A : 얼마 동안 이 도시에 있을 거예요? B : 며칠 동안이요. | A : 나 화장실 쓰려고. B : 얼마 동안 화장실을 쓸 거야? A : 몇 분 정도.

152

A : Tell her you're sorry.

B : **How many times** *do I have to apologize to her*?

……

A : Will you go out with me, Jane?

B : **How many times** *do I have to say no*?

153

A : **How am I supposed to** *know that*?

B : Figure it out.

……

A : **How am I supposed to** *use this old computer*?

B : It works fine.

154

A : **How long before** *we land*?

B : About two hours.

……

A : **How long before** *our meeting*?

B : About 5 minutes. Why?

A : I need to print something.

152 A : 그녀에게 미안하다고 해. B : 몇 번이나 그녀에게 사과해야 돼? | A : 나랑 데이트 할래, Jane? B : 몇 번이나 싫다고 말해야 돼? 153 A : 내가 그걸 어떻게 알겠어? B : 알아내봐. | A : 내가 어떻게 이렇게 오래된 컴퓨터를 써? B : 작동은 잘 되는데. 154 A : 착륙하기까지 얼마나 걸릴까요? B : 2시간 정도요. | A : 우리 회의하기까지 얼마나 걸릴까요? B : 5분 정도요. 왜요? A : 제가 인쇄를 좀 해야 해서요.

Pattern 155-162

Chapter 20

의문사 변형 패턴

여기 정리한 의문사 표현은 앞에서 배운 의문사들의 응용·심화 표현이라고 볼 수 있습니다. 현지 일상생활에서 활용도가 높은 응용 표현들로 반드시 덩어리로 외워야 합니다.

Date. . .

☐☐☐

Everyone knows why ~.

다들 왜 ~인지 알아요.

Everyone knows why *the bakery closed.*

다들 그 빵집이 왜 문을 닫았는지 알아요.

Everyone knows why *I failed the test.*

다들 왜 내가 시험에 떨어졌는지 알아요.

Everyone knows why *I got a tattoo.*

다들 왜 내가 문신을 했는지 알아요.

Everyone knows why *we broke up.*

다들 왜 우리가 헤어졌는지 알아요.

Everyone knows why *I quit the job.*

다들 왜 내가 직장을 그만뒀는지 알아요.

get a tatoo 문신을 하다

Everyone knows why ~.는 '누구나 왜 ~인지 알아요, 다들 왜 ~인지 알아요'란 뜻으로, everyone은 3인칭 단수로 취급을 하므로 동사를 knows로 써야 하는 데 주의하세요.

Date. . .

□□□

How about if ~?

~하면 어떨까요?

How about if *we go to the movies*?

우리 영화 보러 가면 어떨까요?

How about if *we order room service*?

우리 룸서비스를 시키면 어떨까요?

How about if *we talk about it later*?

우리 그 얘기는 나중에 하면 어떨까요?

How about if *we try hiking on Saturday*?

우리 토요일에 하이킹을 해 보는 건 어떨까요?

How about if *we go on a double date*?

우리 더블 데이트하면 어때요?

double date 더블데이트(두 쌍의 남녀가 함께 하는 데이트)

How about if ~?는 '~하면 어떨까요?', ~하는 게 어때요?'란 뜻으로, 이건 어때 하고 상대방에게 무언가 제안하거나 의견을 제시할 때 쓸 수 있는 패턴입니다.

Date. . .

□□□

Call me when ~.

~할 때 전화해.

Call me when *you need my help.*

내 도움이 필요할 때 전화해.

Call me when *it's over.*

끝나면 전화해.

Call me when *you're ready to go.*

갈 준비가 되면 전화해.

Call me when *you get home.*

집에 도착하면 전화해.

Call me when *you're free.*

시간될 때 전화해.

be ready to ~할 준비가 되다

이 패턴은 상대방에게 특정한 때에 자신을 부르거나 연락을 달라고 하는 상황에서 쓰면 좋습니다. 친한 사이에 격식없이 쓰이는 패턴으로, 만일 격식을 차리고 싶다면 Please를 붙여서 Please call me when ~.이라고 말하면 됩니다.

PATTERN CHALLENGE

158

Date. . .

We'll never know when ~.

우린 언제 ~하는지 절대 알 수 없을 거예요.

We'll never know when *she decided to leave.*

우린 언제 그녀가 떠나기로 결심했는지 절대 알 수 없을 거예요.

We'll never know when *they divorced.*

우린 언제 그들이 이혼을 했는지 절대 알 수 없을 거예요.

We'll never know when *magic will happen.*

우린 언제 기적이 일어날지 절대 알 수 없을 거예요.

We'll never know when *we'll say our last goodbye.*

우린 언제 우리가 마지막 인사를 할지 절대 알 수 없을 거예요.

We'll never know when *our last day will be.*

우린 언제가 우리의 마지막 날일지 절대 알 수 없을 거예요.

divorce 이혼하다

will은 '~할 것이다'라고 미래의 예정이나 자신의 의지를 나타낼 때 쓰는 조동사입니다. 여기서는 '절대 ~이 아니다'라는 뜻의 never와 함께 쓰여 미래에 '절대 ~하지 못할 것이다'라는 의미로 쓰인 것입니다.

Date. . .

☐☐☐

Where do you think I should ~?

~을 어디에서 해야 할까요?

Where do you think I should *sleep*?

어디에서 자야 할까요?

Where do you think I should *park*?

주차를 어디에 해야 할까요?

Where do you think I should *apply*?

어디에 지원을 해야 할까요?

Where do you think I should *go this weekend*?

이번 주말에 어디에 가야 할까요?

Where do you think I should *put my keys*?

제 열쇠는 어디에 두어야 할까요?

park 주차하다

Where do you think I should ~?는 무언가를 하기에 적합한 장소를 상대방에게 물어볼 때 사용하는 패턴입니다. 조금 긴 표현이지만 위의 예문들을 여러 번 연습하다 보면 자연스럽게 입에 붙습니다.

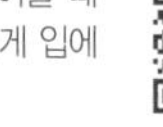

Date. . .

I can't imagine who ~.

누가 ~하는지 짐작이 안 가요.

I can't imagine who *paid my bills.*

누가 제 공과금을 냈는지 짐작이 안 가요.

I can't imagine who *failed the test.*

누가 시험에서 탈락했는지 짐작이 안 가요.

I can't imagine who *would date him.*

누가 그랑 데이트를 할지 짐작이 안 가요.

I can't imagine who *could stand her.*

누가 그 여자를 견딜 수 있는지 짐작이 안 가요.

I can't imagine who *wants that job.*

누가 그 일을 원하는지 짐작이 안 가요.

stand 참다, 견기다

I can't imagine who ~.는 어떤 행동을 한 사람이 도대체 누구인지 전혀 단서가 없어 짐작조차 할 수 없을 때 사용합니다.

Date. . .

I can't decide which ~.

어느 것을 ~할 건지 결정하지 못하겠어요.

I can't decide which *wine to select.*

어느 와인을 골라야 할지 결정하지 못하겠어요.

I can't decide which *job to take.*

어떤 직장을 잡아야 할지 결정하지 못하겠어요.

I can't decide which *seat would be best.*

어느 자리가 가장 좋은지 결정하지 못하겠어요.

I can't decide which *one I want.*

내가 어떤 것을 원하는지 결정하지 못하겠어요.

I can't decide which *deal is better.*

어느 거래가 나은지 결정하지 못하겠어요.

take a job 일을 맡다, 취직하다

세상을 살아가다 보면 하루에도 평균 300번 이상을 선택과 결정을 하게 된다고 합니다. 영어에서도 마음의 결정을 내리지 못했을 때 이 패턴을 사용해서 결정하기 어려운 마음을 표현할 수가 있습니다.

Date. . .

☐☐☐

When would be a good time ~?

언제 ~하면 좋을까요?

When would be a good time *to leave*?

언제 떠나면 좋을까요?

When would be a good time *to pick you up*?

언제 당신을 데리러 가면 좋을까요?

When would be a good time *to stop by*?

언제 잠시 들르면 좋을까요?

When would be a good time *to buy stocks*?

언제 주식을 사면 좋을까요?

When would be a good time *to start a family*?

언제 가정을 꾸리면 좋을까요?

start a family (결혼을 해서) 가정을 꾸리다

When would be a good time ~?은 상대방에게 최대한 시간을 맞춰 주거나 상대방과 약속을 잡을 때 쓰는 패턴으로, 무언가를 하기에 적합한 때, 적절한 시간을 묻는 질문입니다.

155

A : Can you tell me why you quit?

B : **Everyone knows why** *I quit the job.*

……

A : **Everyone knows why** *I got a tattoo.*

B : I don't know why.

A : It was to remember my mom.

156

A : **How about if** *we try hiking on Saturday*?

B : I'm in! What time?

……

A : **How about if** *we order room service*?

B : That sounds great.

157

A : **Call me when** *it's over.*

B : I will!

……

A : I'm too busy to talk right now.

B : **Call me when** *you're free.*

A : I'll do that.

158

A : Do you know when Grandma and Grandpa split up?

B : **We'll never know when** *they divorced.*

……

A : Sara got in a car accident last night.

B : I heard she didn't make it.

A : **We'll never know when** *we'll say our last goodbye.*

155 A : 왜 직장을 그만뒀는지 말해줄 수 있어? B : 다들 왜 내가 직장을 그만뒀는지 아는데. | A : 다들 왜 내가 문신을 했는지 알아. B : 나는 모르는데. A : 우리 엄마를 기억하기 위해서야. 156 A : 토요일에 하이킹을 해 보면 어떨까? B : 나 할래! 몇 시에? | A : 우리 룸서비스를 시키면 어떨까? B : 좋지. 157 A : 끝나면 전화해. B : 그럴게! | A : 지금은 바빠서 얘기할 시간이 없네. B : 시간될 때 연락해. A : 그럴게. 158 A : 너는 언제 할머니와 할아버지가 헤어지셨는지 알아? B : 우린 언제 그분들이 이혼을 했는지 절대 알 수 없을 거야. | A : Sara가 어젯밤에 교통사고가 났어요. B : 운명했다고 들었어요. A : 우린 언제 우리가 마지막 인사를 할지 절대 알 수 없을 겁니다.

159

A : **Where do you think I should** ***sleep*****?**

B : You can stay in the guest room.

......

A : **Where do you think I should** ***park*****?**

B : I'd park in the back.

160

A : **I can't imagine who** ***would date him.***

B : He's so weird!

......

A : **I can't imagine who** ***wants that job.***

B : I heard it pays well.

161

A : **I can't decide which** ***wine to select.***

B : I'd go with a red wine.

......

A : **I can't decide which** ***job to take.***

B : I'd take the one that pays the best.

162

A : **When would be a good time** ***to start a family*****?**

B : In your 30s.

......

A : **When would be a good time** ***to leave*****?**

B : We should leave by 5:00.

A : That works for me.

159 A : 제가 어디에서 자야 할까요? B : 손님방에 머무시면 됩니다. | A : 주차를 어디에 해야 할까? B : 나라면 뒤쪽에 주차하겠어. 160 A : 누가 그랑 데이트를 할지 짐작이 안 가. B : 그 사람 정말 이상해! | A : 누가 그 일을 원하는지 짐작이 안 가. B : 월급이 좋다고 들었어. 161 A : 어느 와인을 골라야 할지 결정을 못 하겠어. B : 나라면 레드와인으로 하겠어. | A : 어느 직장을 선택해야 할지 결정할 수가 없네요. B : 저라면 돈을 가장 많이 주는 곳이요. 162 A : 언제 가정을 꾸리면 좋을까? B : 네가 30대가 되면. | A : 언제 떠나면 좋을까? B : 우리 5시까지 떠나야 돼. A : 나는 그때 괜찮아.

Part 5

상황에 맞게 골라 쓰는 네이티브 패턴

이제 슬슬 표현이 어려워집니다. 분명 개념은 알고 있지만 막상 입밖으로 나오지 않는 표현들만 모았습니다. 원어민들이 즐겨 쓰는 표현이지만 너무 까다로운 문법 때문에 한 번도 써 본 적은 없던 패턴들을 배웁니다. 여기 있는 패턴들만 잘 써도 '유창해' 보일 수 있습니다.

Chapter 21

I'd better ~.

I'd better는 I had better 줄인 것으로, 강한 권유의 표현입니다. should보다 강한 어감입니다. had better는 보통 '~하는 편이 낫겠다'로 알고 있지만 '~ 해야 한다'는 강력한 권고의 의미가 있다는 것을 알아 두세요.

163 I'd better ~.
164 I'd better not ~.
165 You'd better ~.
166 You'd better hope ~.
167 I think you'd better ~.
168 I guess we'd better ~.
169 It's better than ~.
170 It's better for me to ~.

PATTERN CHALLENGE

163

Date. . .

I'd better ~.

~하는 게 좋겠어요.

I'd better *hurry up.*

서둘러야겠어요.

I'd better *get going.*

가봐야 할 것 같아요.

I'd better *ask for directions.*

방향을 물어보는 게 좋겠어요.

I'd better *take a break.*

전 좀 쉬는 게 좋겠어요.

I'd better *check on him.*

그를 좀 살펴보는 게 좋겠어요.

hurry up 서두르다 take a break 잠시 쉬다 check on ~을 확인하다

I'd better ~.는 I had better ~.를 축약한 패턴으로, had better는 '~하는 게 좋겠다, ~해야겠다'라는 의미입니다. 언뜻 보면 아주 부드러운 권유의 표현으로 보이지만, 실제로는 무언가를 강력하게 해야 한다고 주장하는 should와 비슷합니다.

Date.   .   .

I'd better not ~.

~하지 않는 게 좋겠어요.

I'd better not *be late.*

늦지 않는 게 좋겠어요.

I'd better not *spend that much.*

돈을 그렇게 많이 쓰지 않는 게 좋겠어요.

I'd better not *eat that.*

저것을 안 먹는 게 좋겠어요.

I'd better not *make a mistake.*

실수하지 않는 게 좋겠어요.

I'd better not *decide without my wife.*

아내 없이 결정하지 않는 게 좋겠어요.

make a mistake 실수하다

I'd better not ~.은 I'd better ~.의 반대 표현으로, '~하지 않는 게 좋겠어요'란 뜻입니다. 간단히 I'd better not.이라고 하면 이 표현은 '사양하겠어요'라는 의미입니다.

Date. . .

You'd better ~.

~해야 해요.

You'd better *tell him.*

그 사람에게 말해야 해요.

You'd better *get going.*

당신 가야 돼요.

You'd better *pay me back.*

저한테 갚으셔야 해요.

You'd better *go to see the doctor.*

가서 진료를 받아야 해요.

You'd better *find another job.*

다른 직장을 찾아보셔야 해요.

You'd better는 You had better의 축약형입니다. 뒤에 동사원형이 반드시 오는 게 원칙입니다. You'd better ~.는 윗사람이 아랫사람에게, 또는 친한 사람에게 충고나 제안을 할 때 쓰는 명령조 패턴입니다. 경고나 지시, 때로는 협박의 뜻을 내포하기도 하므로 주의해서 사용해야 합니다.

Date. . .

☐☐☐

You'd better hope ~.

~을 바라는 게 좋을 거야.

You'd better hope *this goes well.*

이게 잘 되길 바라는 게 좋을 거야.

You'd better hope *he understands.*

그가 이해하기를 바라는 게 좋을 거야.

You'd better hope *she doesn't find out.*

그녀가 알아내지 않길 바라는 게 좋을 거야.

You'd better hope *this doesn't end badly.*

이게 나쁘게 끝나지 않길 바라는 게 좋을 거야.

You'd better hope *she isn't upset.*

그녀가 화내지 않길 바라는 게 좋을 거야.

find out 알아내다, 파악하다

You'd better hope ~.는 '~을 바라는 게 좋을 거야'란 뜻으로, 상대방이 피할 수 없는 어떤 불리한 상황에 처했을 때 상황이 더 나빠지지 않기를 빌라는 의미로 사용할 수 있습니다.

PATTERN CHALLENGE

167

Date. □□□

I think you'd better ~.

~하는 게 좋을 것 같아요.

I think you'd better *go now.*

지금 가는 게 좋을 것 같아요.

I think you'd better *get some rest.*

좀 쉬는 게 좋을 것 같아요.

I think you'd better *ask for some help.*

도움을 요청하는 게 좋을 것 같아요.

I think you'd better *keep it to yourself.*

당신만 알고 있는 게 좋을 것 같아요.

I think you'd better *mind your own business.*

당신 일이나 신경 쓰는 게 좋을 것 같아요.

mind 상관하다, 개의하다

영어를 말할 때 자신의 의견을 조심스럽게 표현할 수 있는 게 바로 I think입니다. 여기에다가 you'd better를 붙인 I think you'd better ~.는 상대방에게 충고나 조언, 때로는 경고를 완곡하게 표현하는 패턴입니다.

PATTERN CHALLENGE

168

Date. . .

I guess we'd better ~.

제 생각엔 우리가 ~하는 게 좋을 것 같아요.

I guess we'd better *cancel.*

제 생각엔 우리 취소하는 게 좋을 것 같아요.

I guess we'd better *not go.*

제 생각엔 우리 안 가는 게 좋을 것 같아요.

I guess we'd better *eat something.*

제 생각엔 우리 뭔가 먹는 게 좋을 것 같아요.

I guess we'd better *clean this place up.*

제 생각엔 우리가 이곳을 청소하는 게 좋을 것 같아요.

I guess we'd better *notify the police.*

제 생각엔 경찰에 통보하는 게 좋을 것 같아요.

clean up 치우다, 청소하다 notify 통보하다, 알리다

had better는 '~하는 게 좋다'는 뜻인데, 우리말로 옮기면 부드럽게 권유하는 표현 같지만 사실은 경고나 명령의 뉘앙스가 은근히 깔려 있기 때문에 아랫사람 또는 친구에게만 편하게 사용하는 것이 좋습니다.

PATTERN CHALLENGE

169

Date. . .

☐☐☐

It's better than ~.

~보다는 낫네요.

It's better than *last year.*

작년보다는 낫네요.

It's better than *nothing.*

아무것도 없는 것보다는 낫네요.

It's better than *walking.*

걸어가는 것보다는 낫네요.

It's better than *I had imagined.*

제가 상상했던 것보다는 낫네요.

It's better than *I had expected.*

제가 기대했던 것보다는 낫네요.

imagine 상상하다

than은 '~보다'라는 뜻으로, 길고 짧음, 좋고 싫음 등등을 비교할 때 비교하는 대상 앞에 쓰면 됩니다. 이 패턴에서는 better와 만나서 '~보다 낫다'라는 의미의 비교문이 되었습니다.

Date. . .

□ □ □

It's better for me to ~.

전 ~하는 게 더 좋아요.

It's better for me to *do it myself.*

전 제가 직접 하는 게 더 좋아요.

It's better for me to *come on Wednesday.*

전 수요일에 오는 게 더 좋아요.

It's better for me to *work by myself.*

전 혼자 일하는 게 더 좋아요.

It's better for me to *work on a team.*

전 팀으로 일하는 게 더 좋아요.

It's better for me to *take a quick break.*

전 잠깐 쉬는 게 더 좋아요.

work on a team 팀으로 일하다

better는 어떤 것이 '더 좋은'이라는 뜻으로, It's better for me to ~.는 자신에게 더 나은 것에 대해서 상대방에게 정보를 줄 때 쓰는 패턴입니다.

163

A : You're going to be late!

B : **I'd better** *hurry up.*

……

A : **I'd better** *get going.*

B : Have a good day at work.

164

A : It's $500!

B : **I'd better not** *spend that much.*

……

A : **I'd better not** *eat that.*

B : Are you on a diet?

165

A : **You'd better** *tell him.*

B : I'll tell him tonight.

……

A : Are you still sick?

B : Yes, it's getting worse.

A : **You'd better** *go to see the doctor.*

166

A : **You'd better hope** *she doesn't find out.*

B : She'll never know.

……

A : **You'd better hope** *this goes well.*

B : It's going to go great.

163 A : 너 늦을 것 같아! B : 서둘러야겠다. | A : 나 가봐야 할 것 같아. B : 회사에서 좋은 하루 보내. 164 A : 500달러네! B : 돈을 그렇게 많이 쓰지 않는 게 좋겠어. | A : 난 저거 안 먹는 게 좋겠어. B : 다이어트 중이야? 165 A : 그 사람에게 말해야 해. B : 오늘밤에 말할 거야. | A : 아직도 아파? B : 응, 더 심해지네. A : 너 가서 진료를 받아야 해. 166 A : 넌 그녀가 알아내지 않길 바라는 게 좋을 거야. B : 그녀는 결코 알지 못할 거야. | A : 넌 이게 잘 되길 바라는 게 좋을 거야. B : 잘 될 거야.

167

A : **I think you'd better** *go now.*

B : I don't want to leave!

A : You're drunk, and it's late.

……

A : **I think you'd better** *mind your own business.*

B : That's not very nice to say.

168

A : It's a mess in here!

B : **I guess we'd better** *clean this place up.*

……

A : I hit that car in the parking lot.

B : **I guess we'd better** *notify the police.*

A : I already called them.

169

A : What do you think?

B : **It's better than** *I had imagined.*

……

A : My car is really old.

B : **It's better than** *walking.*

A : That's a good point.

170

A : Do you need me to help you?

B : **It's better for me to** *do it myself.*

……

A : Can you come on Tuesday?

B : **It's better for me to** *come on Wednesday.*

167 A : 너 지금 가는 게 좋을 것 같아. B : 가기 싫다니까! A : 너 취했어. 그리고 시간도 늦었고. | A : 네 일이나 신경 쓰는 게 좋을 것 같아. B : 어쩜 그런 말을. 168 A : 여기 너무 지저분하네! B : 내 생각엔 우리가 이곳을 청소하는 게 좋을 것 같아. | A : 나 주차장에서 저 차를 박았어. B : 내 생각엔 경찰에 통보하는 게 좋을 것 같아. A : 경찰엔 벌써 연락했어. 169 A : 어때요? B : 제가 상상했던 것보다는 낫네요. | A : 내 차 정말 오래됐어. B : 걷는 것보다는 낫지. A : 맞는 말이야. 170 A : 내가 도와줄까? B : 난 내가 직접 하는 게 더 좋아. | A : 화요일에 올 수 있어? B : 난 수요일에 오는 게 더 좋아.

Pattern  171-179

Chapter 22

I have p.p. ~.

우리말에는 과거의 어떤 시점부터 현재까지를 나타내는 '현재완료'라는 개념이 없어서 have p.p.가 어렵게 느껴집니다. 현재완료의 80%는 '~을 해 본 적이 있다'는 경험을 말할 때 쓰이고, 10%는 '~했다'라는 과거 시제에 가까운 의미로 쓰입니다. 패턴으로 미묘한 뉘앙스의 차이를 확인해 보세요.

171 I have heard ~.

172 I have never heard ~.

173 I have seen ~.

174 I have been ~.

175 I have never ~.

176 I have already ~.

177 I have just finished ~.

178 I haven't ~.

179 I haven't been -ing ~.

Date. . .

□□□

I have heard ~.

~을 들었어요.

I have heard *so much about you.*

당신 얘기 많이 들었어요.

I have heard *some rumors.*

소문을 좀 들었어요.

I have heard *your good news.*

당신의 좋은 소식을 들었어요.

I have heard *the movie wasn't very good.*

그 영화 별로라고 들었어요.

I have heard *about this book.*

이 책에 대해 들어봤어요.

rumor 루머, 소문

'그 얘기 들은 적 있어'처럼 과거에 들어본 적이 있는 일을 말할 때, 또는 '너 아팠다는 얘기 들었어', '수업이 취소됐다며' 하면서 자신이 들은 얘기를 전할 때 자주 쓰는 패턴입니다. 짧게는 I've heard ~.라고 해도 됩니다.

Date. . .

□ □ □

I have never heard ~.

~은 처음 들었어요.

I have never heard *it before.*

전 그것을 처음 들었어요.

I have never heard *of this place.*

이 장소에 대해 처음 들었어요.

I have never heard *the story.*

그 얘기 처음 들었어요.

I have never heard *what happened.*

무슨 일이 있었는지 처음 들었어요.

I have never heard *a more moving speech.*

그렇게 감동적인 연설은 처음 들었어요.

moving 감동적인

I have never heard ~.는 직역하면 '~을 들어본 적이 없어요'가 되는데, 약간 의역을 해서 '~은 처음 들었어요'라고 이해하면 더 자연스럽습니다. 전에는 결코 들어본 적이 없다는 의미의 패턴입니다.

Date. . .

I have seen ~.

~을 본 적 있어요.

I have seen *this movie several times.*

이 영화 몇 번 본 적 있어요.

I have seen *him somewhere before.*

전에 어디선가 그 사람 본 적 있어요.

I have seen *pictures of you.*

당신 사진 본 적 있어요.

I have seen *the Grand Canyon.*

그랜드 캐니언을 본 적 있어요.

I have seen *several bad car accidents.*

심한 교통사고를 몇 번 본 적 있어요.

car accident 교통사고

'거기 가본 적 있어요', '그 영화 본 적 있어요'처럼 예전 경험을 말할 때는 현재완료(have p.p.)를 쓰면 됩니다. 그리고 경험에 대한 현재완료 중 가장 많이 쓰는 것이 바로 '~을 본 적 있어요'란 뜻의 I have seen ~.입니다.

Date. . .

□□□

I have been ~.

~해 오고 있었어요.

I have been *here since noon.*

정오부터 여기에 있었어요.

I have been *sick since last week.*

지난주부터 계속 아팠어요.

I have been *visiting my parents.*

부모님을 찾아뵙고 있어요.

I have been *traveling for a few weeks.*

몇 주째 여행 중이에요.

I have been *living here for ten years.*

여기에 10년 동안 살고 있어요.

since ~부터, ~ 이후

I have been ~.은 무엇을 과거에 시작해서 지금까지 계속 하고 있다는 걸 나타내는 패턴입니다. I have been 다음에는 sick, here와 같은 형용사나 부사가 올 수도 있고 아니면 동사의 -ing형이 올 수도 있습니다. -ing형이 오게 되면 과거부터 지금 현재까지 쭉 해오고 있다는 의미가 됩니다.

Date. . .

□□□

I have never ~.

한 번도 ~한 적 없어요.

I have never *cheated on you.*

한 번도 당신 속이고 바람 피운 적 없어요.

I have never *done anything like that before.*

난 전에 그런 것을 한 번도 해본 적 없어요.

I have never *lied to you.*

당신한테 한 번도 거짓말한 적 없어요.

I have never *been to this restaurant.*

한 번도 이 음식점에 와 본 적 없어요.

I have never *been in this much trouble.*

한 번도 이만큼의 곤란에 빠진 적이 없어요..

cheat on ~를 속이고 바람을 피우다

'~한 적 없어'라고 말할 때는 뒤에서 배울 I haven't ~. 패턴을 써도 되지만, 한 번도 없다는 것을 강조하기 위해 never를 이용해서 I have never ~.로 말하기도 합니다.

Date. . .

□ □ □

I have already ~. 이미 ~했어요.

I have already *answered that question.*

그 질문에는 이미 대답했어요.

I have already *told you everything.*

이미 당신한테 모두 얘기했어요.

I have already *finished the assignment.*

그 과제를 이미 다 끝냈어요.

I have already *left for work.*

전 이미 출근했어요.

I have already *made up my mind.*

전 이미 마음을 굳혔어요.

make up one's mind 결심하다, 마음을 굳히다

I have already ~.는 '이미 다 ~했어요, 벌써 ~했어요'란 뜻으로, 무언가를 벌써 다 끝냈다고 말할 때 사용합니다. 이는 현재완료 중 '완료'의 용법에 해당합니다.

Date. . .

□□□

I have just finished ~.

방금 ~을 다 끝냈어요.

I have just finished *my dinner.*

방금 저녁 다 먹었어요.

I have just finished *my workout.*

방금 운동을 다 했어요.

I have just finished *the project.*

막 그 프로젝트 다 끝냈어요.

I have just finished *writing my essay.*

막 에세이 작성을 다 끝냈어요.

I have just finished *sending an email.*

막 이메일 보내는 것 다 끝냈어요.

follow up with ~에게 후속 연락을 하다

I have just finished ~.는 '방금 ~을 다 끝냈다, 막 ~을 다 했다'라는 의미로, finish 뒤에 동사가 올 때는 -ing를 쓴다는 점 기억해 두세요.

Date. . .

I haven't ~.

~한 적이 없어요./~하지 못했어요./~하지 않았어요.

I haven't *chosen one yet.*

아직 고르지 못했어요.

I haven't *thought about it.*

그것에 대해 생각해 본 적이 없어요.

I haven't *eaten yet.*

아직 아무것도 못 먹었어요.

I haven't *heard of it.*

들어본 적이 없어요.

I haven't *had a chance.*

아직까지 기회가 없었어요.

haven't heard of it 금시초문이다, 처음 듣는다

'전에 ~해 본 경험이 없다'고 말할 때도 haven't p.p.를 사용하고, 또한 '~하지 못했다', '~하지 않았다'라고 할 때도 haven't p.p.를 사용합니다. haven't p.p.로 다양하게 본인이 쓰고 싶은 말을 연습해 보세요.

Date. . .

□□□

I haven't been -ing ~.

계속 ~하지 못하고 있어요.

I haven't been *feeling very well.*

계속 몸이 별로 안 좋아요.

I haven't been *sleeping much lately.*

요즘 계속 잠을 많이 못 자고 있어요.

I haven't been *watching TV lately.*

요즘 TV를 보지 못하고 있어요.

I haven't been *dating anyone.*

계속 누구랑도 데이트를 못하고 있어요.

I haven't been *taking the bus.*

버스를 타지 못하고 있어요.

lately 요즘, 최근에

마감일에 맞춰 일하느라 며칠 동안 계속 잠을 못 자고 있다는 사실 같은 것을 강조하고 싶을 때는 I haven't에 진행형을 붙여서 I haven't been -ing ~. 패턴을 쓰면 됩니다.

171

A : **I have heard** *so much about you.*

B : Hopefully only good things.

……

A : What are you reading?

B : John Grisham's newest novel.

A : **I have heard** *about this book.*

172

A : **I have never heard** *what happened.*

B : I thought everyone knew.

……

A : **I have never heard** *of this place.*

B : It has the best seafood!

A : I'm excited to try it.

173

A : **I have seen** *this movie several times.*

B : It's my favorite.

……

A : Why are you afraid of driving?

B : **I have seen** *several bad car accidents.*

A : It's not going to happen to you.

171 A : 당신 얘기 많이 들었어요. B : 좋은 얘기들만 들으셨길 바래요. | A : 뭐 읽고 있어? B : 존 그리샴 신작 소설. A : 나 이 책에 대해 들어봤어. 172 A : 무슨 일이 있었는지 처음 들었어. B : 난 다들 알고 있다고 생각했어. | A : 이곳에 대해서 처음 들었어. B : 여긴 최고의 해산물을 팔아! A : 먹어본다고 생각하니 흥분이 되네. 173 A : 나 이 영화 몇 번 본 적 있어. B : 이거 내가 가장 좋아하는 영화인데. | A : 운전하는 게 왜 무서워? B : 심한 교통사고를 몇 번 본 적 있어서. A : 너한테는 안 일어날 거야.

174

A : How long have you been here?

B : **I have been** *here since noon.*

……

A : Where have you been all weekend?

B : **I have been** *visiting my parents.*

175

A : Are you seeing someone else?

B : **I have never** *cheated on you.*

……

A : **I have never** *been to this restaurant.*

B : You're going to love it.

A : I have heard good things about it.

176

A : **I have already** *answered that question.*

B : Can you repeat your answer?

……

A : **I have already** *finished the assignment.*

B : Can you help me with it?

174 A : 여기에 얼마나 있었어요? B : 정오부터 여기에 있었어요. | A : 주말 내내 어디에 있었어? B : 부모님을 찾아뵙고 있어. 175 A : 너 다른 사람이랑 사귀고 있니? B : 너 속이고 바람 피운 적 한 번도 없어. | A : 난 한 번도 이 음식점에 와 본 적 없어. B : 분명 좋아할 거야. A : 여기 좋다는 얘기 많이 들었어. 176 A : 그 질문에는 이미 대답했잖아. B : 답변을 다시 한 번 말해줄 수 있어? | A : 난 그 과제를 이미 다 끝냈어. B : 나 좀 도와줄 수 있어?

□ □ □

177

A : Do you want to grab a bite to eat?

B : **I have just finished** *my dinner.*

......

A : Did you follow up with Janet?

B : **I have just finished** *sending an email.*

A : Let me know when you hear back from her.

178

A : Are you going to call Rick?

B : **I haven't** *thought about it.*

......

A : **I haven't** *eaten yet.*

B : Let's grab some lunch.

A : Sounds good to me.

179

A : You look exhausted.

B : **I haven't been** *sleep***ing** *much lately.*

......

A : I haven't seen you much lately.

B : **I haven't been** *tak***ing** *the bus.*

A : That's probably why.

177 A : 뭐 좀 먹을래? B : 나 방금 저녁 다 먹었어. | A : Janet에게 후속 연락했어요? B : 막 이메일 보내는 걸 다 끝냈습니다. A : 그녀에게 답변이 오면 내게 알려줘요. 178 A : 너 Rick한테 전화할 거야? B : 그것에 대해 생각해 본 적이 없는데. | A : 나 아직 아무것도 못 먹었어. B : 점심 먹자. A : 좋지. 179 A : 너 완전 지쳐 보여. B : 요즘 계속 잠을 많이 못 자고 있어. | A : 요즘 너 많이 못 봤네. B : 계속 버스를 못 타고 있어. A : 그래서구나.

Pattern 180-187

Chapter 23

I'm sure ~.

어떤 일에 대해 확신할 때 sure를 이용해 말할 수 있죠. I'm sure ~.는 '~라고 확신해요' 즉, '분명히 ~일 거예요'라는 의미로 쓰이죠. 강한 확신을 나타낼 때는 quite를 넣은 I'm quite sure ~.를 씁니다. 자, 그럼 응용 패턴으로 sure를 이번에는 확실하게 입에 붙여 볼까요?

180 I'm sure ~.

181 I'm quite sure ~.

182 I'm not sure ~.

183 I'm not sure of ~.

184 I'm not sure what ~.

185 Are you sure ~?

186 Are you sure you don't ~?

187 I know, but I'm sure ~.

PATTERN CHALLENGE

180

Date.

☐ ☐ ☐

I'm sure ~.

~라고 확신해요.

I'm sure *he is a womanizer.*

그는 바람둥이라고 확신해요.

I'm sure *traffic will be awful.*

차가 엄청나게 막힐 거라고 확신해요.

I'm sure *you'll be okay.*

당신 괜찮을 거라고 확신해요.

I'm sure *we can make it in time.*

우리 제때에 할 수 있다고 확신해요.

I'm sure *my ID was stolen.*

제 아이디가 도난당했다고 확신해요.

womanizer 바람둥이 ID 신분증, 아이디

sure는 '확신하는' 또는 '확실히 아는'이라는 뜻입니다. 그래서 화자가 확실하다고 믿는 내용을 나타내는 표현이에요. 당연히 I'm sure 다음에는 확고히 믿는 내용이 나오죠.

Date. . .

□□□

I'm quite sure ~.

정말 ~라고 확신해요.

I'm quite sure *he lied.*

정말 그가 거짓말했다고 확신해요.

I'm quite sure *she's mad.*

정말 그녀가 화났다고 확신해요.

I'm quite sure *you'll pass the exam.*

정말 당신이 시험에 통과하리라 확신해요.

I'm quite sure *I know you.*

정말 제가 그쪽을 안다고 확신해요.

I'm quite sure *I can fix it.*

정말 내가 그것을 고칠 수 있다고 확신해요.

mad 미친, 화난

I'm sure ~.는 '~라고 확신해요'라고 했는데, 확신이 강하게 들 때는 '꽤, 상당히'란 뜻의 quite를 넣어 I'm quite sure ~. 패턴을 사용해서 표현하면 됩니다.

Date. . .

□□□

I'm not sure ~.

~인지 잘 모르겠어요.

I'm not sure
if you can park here.

당신이 여기 주차해도 되는지 잘 모르겠어요.

I'm not sure
if the restaurant takes reservations.

그 식당이 예약을 받는지 잘 모르겠어요.

I'm not sure
when she'll arrive.

그녀가 언제 도착할지 잘 모르겠어요.

I'm not sure
where we should go next.

우리가 다음에 어디로 가야 하는지 잘 모르겠어요.

I'm not sure
if we'll find a seat in here.

우리가 여기서 자리를 찾을 수 있는지 잘 모르겠어요.

take a reservation 예약을 받다

I'm not sure ~.는 어떤 상황에 대해서 대충은 알지만 완전히 확신하지는 못할 때 쓰는 패턴입니다. 잘 모르는 불확실한 상황을 설명하는 데 적절한 표현이죠.

Date. . .

□□□

I'm not sure of ~.

~에 대해 확신하지 못하겠어요.

I'm not sure of *your plan.*

당신 계획에 대해 확신하지 못하겠어요.

I'm not sure of *his intentions.*

그의 의도에 대해 확신하지 못하겠어요.

I'm not sure of *this idea.*

이 아이디어에 대해 확신하지 못하겠어요.

I'm not sure of *the truth.*

진실에 대해 확신하지 못하겠어요.

I'm not sure of *this situation.*

이 상황에 대해 확신하지 못하겠어요.

intention 의도

이번에 여러분에게 소개할 패턴은 I'm not sure of ~.입니다. '전 ~에 대해 확신하지 못하겠어요' 라는 의미의 패턴인데 of 뒤에는 명사가 따라옵니다.

Date. . .

□ □ □

I'm not sure what ~. 뭘 ~인지 잘 모르겠어요.

I'm not sure what *to say.*

무슨 말을 해야 할지 잘 모르겠어요.

I'm not sure what *I'm doing.*

내가 뭐 하고 있는지 잘 모르겠어요.

I'm not sure what *I want.*

내가 뭘 원하는지 잘 모르겠어요.

I'm not sure what *happened.*

무슨 일이 일어났는지 잘 모르겠어요.

I'm not sure what *you want from me.*

당신이 나한테 뭘 원하는지 잘 모르겠어요.

I'm not sure what ~.은 어떤 상황이 벌어졌을 때 나는 그것을 확신하지 못한다고 할 때 쓰는 패턴입니다. what 뒤에는 '주어+동사'의 문장이 오기도 하고, 동사가 바로 오기도 하며, to+동사 원형 형태가 오기도 합니다.

Date. . .

Are you sure ~?

~이 확실해요?

Are you sure *you're not hungry*?

배 안 고픈 거 확실해요?

Are you sure *you want to go*?

가고 싶은 거 확실해요?

Are you sure *our flight is at 10*?

우리 비행편이 10시인 것 확실해요?

Are you sure *the meeting just started*?

회의가 방금 전에 시작한 것 확실해요?

Are you sure *I can borrow the car*?

제가 그 차 빌릴 수 있는 거 확실해요?

flight 비행, 항공편 borrow 빌리다

Are you sure ~? 패턴은 무언가가 옳거나 사실임을 재확인할 때 쓰는 패턴으로 좀 더 분명히 짚고 넘어가자는 의미를 갖고 있습니다. 확인을 해야 하는 상황에서 아주 유용하게 쓸 수 있습니다.

Date. . .

□□□

Are you sure you don't ~?

~하지 않은 거 확실해요?

Are you sure you don't *need anything*?

아무것도 필요하지 않은 거 확실해요?

Are you sure you don't *want to talk*?

말하고 싶지 않은 거 확실해요?

Are you sure you don't *want another beer*?

맥주 한 병 더 안 마신다는 거 확실해요?

Are you sure you don't *want something to eat*?

뭐 안 먹어도 된다는 거 확실해요?

Are you sure you don't *need a bandage*?

반창고 필요 없는 거 확실해요?

another beer 맥주 한 병(잔) 더 bandage 반창고

상대방이 무언가를 하지 않는다는 것이 확실한지 다시 한 번 확인하며 물어볼 때 쓰는 패턴입니다. '정말 ~ 안 하는 거죠?'와 같은 의미입니다.

Date.

I know, but I'm sure ~.

알고 있어요, 하지만 ~일 거라 확신해요.

I know, but I'm sure *it's okay.*

알고 있어요, 하지만 전 괜찮을 거라 확신해요.

I know, but I'm sure *he still loves you.*

알고 있어요, 하지만 그는 아직 당신을 사랑한다니까요.

I know, but I'm sure *it will all work out.*

알고 있어요, 하지만 다 잘 될 거라 확신해요.

I know, but I'm sure *you need to relax.*

알고 있어요, 하지만 당신이 좀 쉬어야 한다고 전 확신해요.

I know, but I'm sure *you are getting better.*

알고 있어요, 하지만 당신이 점점 나아지고 있다고 확신해요.

work out (일이) 잘 풀리다, 좋게 해결되다 get better 점점 더 나아지다

상황에 대해서 인정을 하면서도 자신이 확신하는 바를 상대방에게 어필하려고 할 때 이 패턴을 쓰면 됩니다. 인정할 건 인정합시다.

180

A : **I'm sure** *traffic will be awful.*

B : We had better take the train.

......

A : I haven't been feeling well.

B : **I'm sure** *you'll be okay.*

A : I'll be fine in a few days.

181

A : Did she seem upset?

B : **I'm quite sure** *she's mad.*

......

A : **I'm quite sure** *you'll pass the exam.*

B : How can you be so sure?

A : You studied for weeks!

182

A : **I'm not sure** *if you can park here.*

B : I'll find somewhere else then.

......

A : Do you want me to reserve a table?

B : **I'm not sure** *if the restaurant takes reservations.*

A : I'll call and ask.

183

A : **I'm not sure of** *this idea.*

B : Let's just give it a try.

......

A : **I'm not sure of** *this situation.*

B : What do you mean?

A : I feel like something bad is going to happen.

180 A : 차가 엄청나게 막힐 거라고 확신해요. B : 우리 기차를 타는 게 더 낫겠어요. | A : 계속 몸이 별로 안 좋아. B : 너 괜찮아질 거라고 난 확신해. A : 며칠 지나면 괜찮겠지 뭐. 181 A : 걔 기분이 상해 보였어? B : 난 정말 그녀가 화났다고 확신해. | A : 난 정말 네가 시험에 통과하리라 확신해. B : 너 그걸 어떻게 그렇게 확신해? A : 너 몇 주 동안 공부했잖아! 182 A : 당신이 여기 주차해도 되는지 잘 모르겠어요. B : 그럼 다른 곳을 찾아볼게요. | A : 내가 자리 예약할까? B : 그 식당이 예약을 받는지 잘 모르겠어. A : 내가 전화해서 물어볼게. 183 A : 난 이 아이디어에 대해 확신을 못 하겠어. B : 그냥 한번 해보자. | A : 난 이 상황에 대해 확신하지 못하겠어. B : 그게 무슨 말이지? A : 뭔가 안 좋은 일이 생길 것 같은 느낌이 들어.

184

A : Will you marry me?

B : **I'm not sure what** *to say.*

……

A : Don't you want this job?

B : **I'm not sure what** *I want.*

185

A : **Are you sure** *our flight is at 10***?**

B : Yes. I checked this morning.

……

A : **Are you sure** *the meeting just started***?**

B : I'm positive.

186

A : **Are you sure you don't** *want another beer***?**

B : I better not have any more.

……

A : **Are you sure you don't** *need anything***?**

B : Yes, I'm sure.

A : Call me if you change your mind.

187

A : Luke and I had a fight.

B : **I know, but I'm sure** *he still loves you.*

……

A : I have so much work to get done.

B : **I know, but I'm sure** *you need to relax.*

A : I'll relax later.

184 A : 저랑 결혼해 줄래요? B : 무슨 말을 해야 할지 잘 모르겠네요. | A : 이 일 원하지 않아요? B : 전 제가 뭘 원하는지 잘 모르겠어요. 185 A : 우리 비행편이 10시인 거 확실해요? B : 네, 제가 오늘 아침에 확인했어요. | A : 회의가 방금 전 시작한 것 확실해요? B : 네, 그렇습니다. 186 A : 맥주 한 병 더 안 마신다는 거 확실하지? B : 더 안 마시는 게 좋을 것 같아. | A : 너 아무것도 필요하지 않은 거 확실해? B : 응, 확실해. A : 맘 바뀌면 연락해. 187 A : Luke하고 나 싸웠어. B : 알고 있어, 하지만 그가 아직도 널 사랑하는 건 확실해. | A : 나 할 일이 산더미야. B : 알고 있어, 하지만 너는 좀 쉬어야 한다고 확신해. A : 나중에 쉴게.

Pattern 188-192

Chapter 24

All I ~.

all은 활용도가 아주 높은 표현입니다. '~한 것은 ~뿐이야'라고 해석되는 문형으로도 자주 쓰이며, 이 경우 주어와 동사 앞에 주로 옵니다. 노래 가사에서 자주 볼 수 있는 All I need is you.는 '내가 원하는 것은 너뿐이야'라는 의미입니다.

188 All I need is ~.

189 All I know is ~.

190 All I can say is ~.

191 All I'm saying is ~.

192 All you have to do is ~.

Date. . .

All I need is ~.

전 ~만 있으면 돼요.

All I need is *you.*

전 당신만 있으면 돼요.

All I need is *some coffee.*

전 커피만 좀 있으면 돼요.

All I need is *to be alone.*

전 그저 혼자 있고 싶다고요.

All I need is *to catch my breath.*

전 잠시 숨 돌릴 틈만 있으면 돼요.

All I need is *to sit down.*

전 앉기만 하면 돼요.

catch one's breath 숨을 돌리다, 숨을 고르다

이 패턴은 All I need is 다음에 나오는 말을 강조하는 효과가 있어요. 직역하면 '제게 필요한 전부는 ~예요'인데, 즉 '전 ~만 있으면 돼요'란 뜻이 됩니다. 간절한 바람이나 희망사항을 피력하는 상황에서 쓰면 요긴합니다.

Date. . . ☐☐☐

All I know is ~.

제가 아는 건 ~뿐이에요.

All I know is *she won't be back.*

제가 아는 건 그녀가 돌아오지 않을 거라는 것뿐이에요.

All I know is *he died peacefully.*

제가 아는 건 그분이 평온히 돌아가셨다는 것뿐이에요.

All I know is *he won't be here today.*

제가 아는 건 그분이 오늘 여기에 안 온다는 것뿐이에요.

All I know is *they had a big fight.*

제가 아는 건 그들이 크게 싸웠다는 것뿐입니다.

All I know is *what you know.*

제가 아는 건 당신이 알고 있는 것뿐입니다.

have a big fight 대판 싸우다

상대방이 어떤 일에 대해 변명이나 불평만 늘어놓거나 별 실속 없는 말을 계속해서 떠들어 댈 때 '제가 아는 건 ~뿐이에요'라고 문제의 요지만 짚어서 딱 잘라 말할 때 쓸 수 있는 패턴이 바로 All I know is ~.입니다.

Date.

All I can say is ~.

제가 말씀드릴 수 있는 건 ~라는 말밖에 없어요.

All I can say is *sorry.*

제가 말씀드릴 수 있는 건 죄송하다는 말밖에 없어요.

All I can say is *I didn't mean to do this.*

제가 말씀드릴 수 있는 건 정말 이럴 의도가 아니었다는 말밖에 없어요.

All I can say is *please don't be upset.*

제가 말씀드릴 수 있는 건 기분 상해 하지 마시라는 말밖에 없어요.

All I can say is *I'll try harder.*

제가 좀 더 노력하겠다는 말밖에 드릴 말씀이 없네요.

All I can say is *it won't happen again.*

다시는 그런 일이 없을 거라는 말밖에 드릴 말씀이 없네요.

try harder 좀 더 노력하다

All I can say is ~.는 '내가 말할 수 있는 건 ~뿐이에요'라는 뜻으로, 자신의 제한된 역할이나 능력을 말할 때 요긴하게 쓸 수 있는 패턴입니다. 어떤 상황을 좀 냉철하고 냉정하게 정리하는 듯한 패턴이기도 합니다.

Date. . .

All I'm saying is ~.

제 말은 ~라는 거예요.

All I'm saying is
it's never too late.

제 말은 그건 절대 늦은 게 아니라는 거예요.

All I'm saying is
I don't want to fight with you.

제 말은 당신과 싸우기 싫다는 거예요.

All I'm saying is
give him another chance.

제 말은 그에게 한 번 더 기회를 주라는 거예요.

All I'm saying is
it's not over yet.

제 말은 아직 안 끝났다는 거예요.

All I'm saying is
you can start over.

제 말은 당신은 다시 시작할 수 있다는 거예요.

It's never too late. 너무 늦은 때란 없다. (영어 속담)

All I'm saying is ~.는 대화 도중에 상대방이 내 말을 잘 이해하지 못하거나 대화가 다른 방향으로 흘러가려고 할 때 내 요점을 한마디로 정리해서 말하는 표현입니다.

Date.

All you have to do is ~.

당신은 ~하기만 하면 돼요.

All you have to do is *stop eating.*

당신은 그만 먹기만 하면 돼요.

All you have to do is *quit smoking.*

당신은 담배만 끊으면 돼요.

All you have to do is *exercise more.*

당신은 운동만 더 하면 돼요.

All you have to do is *show up.*

당신은 나타나기만 하면 돼요.

All you have to do is *wait and see.*

당신은 가만히 지켜보기만 하면 돼요.

show up 나타나다(= appear) wait and see 기다리면서 상황을 지켜보다

All you have to do is ~.는 다른 건 다 필요 없고 '~하기만 하면 돼요'라는 의미의 패턴입니다. All you have to do is 뒤에는 동사원형을 바로 써 주면 됩니다.

188

A : What can I do to help?

B : **All I need is** *to be alone.*

......

A : You look exhausted.

B : **All I need is** *to sit down.*

A : Here's a chair.

189

A : How did Robert die?

B : **All I know is** *he died peacefully.*

......

A : Is Andrew in the office today?

B : **All I know is** *he won't be here today.*

A : I wonder if he's working from home.

190

A : You are so rude!

B : **All I can say is** *sorry.*

......

A : **All I can say is** *please don't be upset.*

B : Of course I'm upset!

188 A : 어떻게 도와줄까? B : 난 그냥 혼자 있고 싶어. | A : 너 정말 지쳐 보여. B : 나는 앉기만 하면 돼. A : 여기 의자. 189 A : Robert는 어떻게 돌아가셨어요? B : 제가 아는 건 그분이 평온히 돌아가셨다는 것뿐이에요. | A : 오늘 Andrew 출근했어요? B : 제가 아는 건 그분이 오늘 여기에 안 온다는 것뿐입니다. A : 그가 재택근무를 하는 건지 모르겠네요. 190 A : 당신 정말 무례하군요! B : 죄송하다는 말밖에 드릴 말씀이 없습니다. | A : 제가 말씀드릴 수 있는 건 기분 상해 하지 마시라는 말밖에 없어요. B : 당연히 화가 나죠!

191

A : I'm thinking about going back to school.

B : **All I'm saying is** *it's never too late.*

......

A : I'm angry with you.

B : **All I'm saying is** *I don't want to fight with you.*

192

A : **All you have to do is** *quit smoking.*

B : That's easier said than done.

......

A : I want to lose some weight.

B : **All you have to do is** *stop eating.*

191 A : 나 복학할까 해. B : 내 말은 그건 절대 늦은 게 아니라는 거지. | A : 난 너한테 화가 났다니까. B : 내 말은 난 너랑 싸우기 싫다는 거야. 192 A : 너는 담배만 끊으면 돼. B : 말이야 쉽지. | A : 살을 좀 빼고 싶어. B : 그만 먹기만 하면 돼.

Pattern 193-200

Chapter 25

No one ~. / Nobody ~.

no나 nobody가 들어간 패턴들은 기본적으로 '아무도 ~할 수 없어요, 누구도 ~할 수 없어요'라는 의미로 알아 두시면 좋습니다. 노래 가사 I want nobody but you의 해석은 '(아무도 필요 없고) 너만 원해'라는 의미가 됩니다. 패턴으로 다양한 활용법을 배워 보세요.

Date. . .

PATTERN CHALLENGE

193

☐☐☐

No one ~.

아무도 ~하지 않아요.

No one *cares.*

아무도 신경 안 써요.

No one *will notice.*

아무도 눈치채지 못할 거예요.

No one *laughed at his jokes.*

그의 농담에 아무도 웃지 않았어요.

No one *showed up.*

아무도 나타나지 않았어요.

No one *offered to help.*

아무도 도움을 주지 않았어요.

notice 알아채다, 인지하다

No one ~. 패턴은 '아무도 ~하지 않아요'란 뜻으로, No를 맨 앞에 내세움으로써 부정의 의미를 강조하는 패턴입니다. No one 다음에 부정형이 오지 않아도 문장 전체의 뜻은 자동적으로 부정이 되는 점에 주의하기 바랍니다.

Date. . .

No one will ~.

아무도 ~하지 않을 거예요.

No one will *listen to him.*

아무도 그 사람 말을 듣지 않을 거예요.

No one will *take her side.*

아무도 그녀 편을 들지 않을 거예요.

No one will *know you left.*

아무도 당신이 간 거 모를 거예요.

No one will *pay attention.*

아무도 신경 쓰지 않을 거예요.

No one will *want the job.*

아무도 그 일을 원하지 않을 거예요.

take one's side 편을 들다, 두둔하다

No one will ~.은 어떤 행동에 대해 '아무도 ~하지 않을 거예요'라고 표현할 때 쓸 수 있는 패턴으로, 가령 No one will know ~.라고 하면 '아무도 ~을 모를 거예요'가 되고 No one will listen ~.이라고 하면 '아무도 ~을 안 들을 거예요' 등이 됩니다.

Date. . .

□□□

Nobody can ~.

아무도 ~ 못 해요.

Nobody can *fix this.*

이건 아무도 못 고쳐요.

Nobody can *go in that room.*

아무도 저 방에 들어갈 수 없어요.

Nobody can *match her cooking.*

그녀의 요리 솜씨는 아무도 따라올 수 없어요.

Nobody can *cover my shift at work.*

아무도 회사에서 제 일을 대신 맡아서 못 해요.

Nobody can *understand me the way you do.*

아무도 당신처럼 날 이해할 수는 없어요.

match ~에 필적하다, 대등하다

'이건 아무도 못 고쳐', '그 고집은 아무도 못 당해'처럼 좀처럼 하기 힘든 일을 조금은 과장되게 표현하고 싶다면 Nobody can ~.을 써서 말해 보세요. Nobody 대신 No one을 써도 좋습니다.

PATTERN CHALLENGE
196

Date. . .

☐☐☐

Nobody said ~.

아무도 ~라고 말하지 않았어요.

Nobody said *anything about you.*

아무도 당신에 대해서 말하지 않았어요.

Nobody said *anything about your outfit.*

아무도 당신 옷차림에 대해서 말하지 않았어요.

Nobody said *you were wrong.*

아무도 당신이 틀렸다고 말하지 않았어요.

Nobody said *this would be easy.*

아무도 이게 쉬울 거라고 말하지 않았어요.

Nobody said *you can't try.*

아무도 당신이 시도할 수 없다고 말하지 않았어요.

outfit 옷, 복장

Nobody said ~.는 아무도 그러한 말을 한 적이 없다는 의미의 패턴입니다. 맨 앞에 Nobody가 들어가기 때문에 문장 전체가 부정문이 된다는 사실 기억하세요.

Date. . .

□ □ □

No one would ~.

누구도 ~하지 않을 거예요.

No one would *expect it.*

누구도 그걸 기대하지 않을 거예요.

No one would *deny that.*

누구도 그걸 부정하지 않을 거예요.

No one would *hope to lose.*

누구도 지는 것을 바라지는 않을 거예요.

No one would *buy a home now.*

누구도 지금 집을 사지 않을 거예요.

No one would *go out in this weather.*

누구도 이런 날씨에 밖에 나가지 않을 거예요.

deny 부정하다, 부인하다

No one would ~.는 '누구도 ~하지 않을 거예요'라는 의미로, would 다음에는 동사원형을 씁니다. would는 대부분 미래로 이해를 하면 되지만 '~하곤 했다'라는 뜻으로도 쓰이는 조동사이므로 문맥상 과거로 해석을 해야 하는 경우도 있으니 주의하세요.

Date. . .

No one gives ~.

누구도 ~을 주지 않아요.

No one gives *me any thought.*

누구도 날 생각해 주지 않아요.

No one gives *me any attention.*

누구도 나한테 어떤 관심을 주지 않아요.

No one gives *help when it's needed.*

누구도 필요할 때 도움을 주지 않아요.

No one gives *a care.*

누구도 신경을 쓰지 않아요.

No one gives me *a second look.*

누구도 저를 다시 쳐다보지 않아요.

attention 관심

No가 문장 맨 앞에 나오므로 문장 전체가 부정문이 됩니다. 한국 사람들은 영어 공부할 때 문장 앞에 No one, Nobody 등과 같은 부정을 쓰는 데 익숙하지 않아 아주 불편해하는데 이번 기회에 훅 날려버리기 바랍니다.

Date. . .

☐☐☐

Nobody cares ~.

아무도 ~에 대해 관심 없어요.

Nobody cares *about this meeting.*

아무도 이 회의에 대해 관심 없어요.

Nobody cares *about the game.*

아무도 그 경기에 대해 관심 없어요.

Nobody cares *about what she said.*

아무도 그녀가 말한 것에 대해 관심 없어요.

Nobody cares *what happens.*

아무도 무슨 일이 일어나는지에 대해 관심 없어요.

Nobody cares *whether your hair is messy.*

아무도 당신 머리가 엉망인지 아닌지에 관심 없어요.

messy 지저분한, 엉망인

care가 '신경 쓰다, 관심을 가지다'라는 의미이므로, Nobody cares ~.는 '아무도 ~에 대해 관심도 없고 신경도 안 쓴다'는 의미입니다. Nobody 대신에 No one을 써서 No one cares ~.라고 해도 마찬가지 의미가 됩니다.

Date. . .

□□□

No one can know about ~.

아무도 ~에 대해 알 수 없어요.

No one can know about *his problem.*

아무도 그 사람 문제에 대해 알 수 없어요.

No one can know about *our relationship.*

아무도 우리 관계에 대해 알 수 없어요.

No one can know about *our agreement.*

아무도 우리 합의에 대해 알 수 없어요.

No one can know about *the surprise party.*

아무도 그 깜짝 파티에 대해 알 수 없어요.

No one can know about *me quitting.*

아무도 제가 그만둔다는 것에 대해 알 수 없어요.

agreement 합의 surprise party 깜짝 파티

No one can know about ~.은 다른 사람은 절대 모를 일에 대해 이야기를 할 때 쓰는 패턴입니다. about 뒤에는 명사 및 명사 상당어구만 올 수 있습니다.

193

A : I have a stain on my shirt.

B : **No one** *will notice.*

……

A : How did your class go?

B : **No one** *showed up.*

A : That's a bummer!

194

A : He is spreading rumors about me.

B : **No one will** *listen to him.*

……

A : I'm going to leave a little early.

B : **No one will** *know you left.*

A : Cover for me if anyone asks!

195

A : She makes great food.

B : **Nobody can** *match her cooking.*

……

A : Can you go out tomorrow?

B : **Nobody can** *cover my shift at work.*

196

A : This is impossible!

B : **Nobody said** *this would be easy.*

……

A : **Nobody said** *anything about your outfit.*

B : I feel like everyone is staring at it.

A : It looks fine!

193 A : 내 셔츠에 얼룩이 있네. B : 아무도 눈치채지 못할 거야. | A : 수업 어땠어? B : 아무도 나타나지 않았어. A : 안타깝네! 194 A : 걔가 나에 대해서 소문을 퍼뜨리고 다니고 있어. B : 아무도 걔 말을 듣지 않을 거야. | A : 나 조금 일찍 가려고. B : 아무도 네가 간 거 모를 거야. A : 누가 물으면 적당히 얘기해 줘! 195 A : 그녀는 음식을 아주 잘 만들어요. B : 그녀 요리 솜씨는 아무도 따라올 수 없죠. | A : 내일 놀러갈 수 있어요? B : 아무도 회사에서 제 일을 대신 맡아서 못 해요. 196 A : 이건 불가능해! B : 아무도 이게 쉬울 거라고 말하지 않았어. | A : 아무도 네 옷차림에 대해 말하지 않았어. B : 다들 나를 쳐다보고 있는 것 같아. A : 네 옷차림 괜찮아!

☐☐☐

197

A : I'm thinking of buying a house.

B : **No one would** *buy a home now.*

……

A : I'm going to run to the store.

B : **No one would** *go out in this weather.*

198

A : **No one gives** *me any thought.*

B : I think about you often.

……

A : **No one gives me** *a second look.*

B : Does it matter? People are busy.

199

A : **Nobody cares** *what happens.*

B : I care about it.

……

A : Do you mind if I turn on the football game?

B : **Nobody cares** *about the game.*

A : I want to see it.

200

A : **No one can know about** *his problem.*

B : He never talks about his personal life.

……

A : **No one can know about** *the surprise party.*

B : I won't say a word.

A : Thank you!

197 A : 집을 살까 생각중이야. B : 누구도 지금 집을 사지 않을 거야. | A : 나 가게까지 달려가려고 해. B : 누구도 이런 날씨에 밖에 나가지 않을 거야. 198 A : 누구도 날 생각해 주지 않아. B : 난 네 생각 자주 하는데. | A : 누구도 나를 다시 쳐다보지 않아. B : 그게 중요해? 다들 바쁘잖아. 199 A : 아무도 무슨 일이 일어나는지에 대해 관심 없어. B : 난 관심 있어. | A : 미식축구 경기를 좀 틀어도 될까? B : 아무도 그 경기에 대해 관심 없어. A : 난 보고 싶어. 200 A : 아무도 그 사람 문제에 대해 알 수가 없어. B : 그는 자신의 개인사에 대해 절대 얘기하지 않아. | A : 그 깜짝 파티에 대해 아무도 몰라요. B : 말 안 할게요. A : 감사해요!

Part 6

온라인 활용도 100% 기본 패턴

최근의 언택트 상황에서 화상회의가 빈번해지고 온라인에서 업무를 할 수 있는 이메일 등의 활용도가 높아졌습니다. 이번 파트에서는 SNS나 블로그 등에서 흔히 접할 수 있고 활용도가 매우 높은 표현만 정리했습니다. 거기에 화상회의에서 주로 쓰이는 표현까지 추가했습니다.

Pattern  201-206

Chapter 26

What I really ~.

전에 배웠던 all과 활용 방식이 비슷합니다. '주어가 ~한 것'이라고 해석이 되며 동사와 연결이 됩니다. 'What I really+동사'로 알아 두고 동사만 바꿔서 써도 유창한 표현을 할 수 있습니다. 언뜻 보면 동사 뒤에 또 동사가 나와서 복잡해 보일 수 있으니 패턴을 보고 다양한 예문을 익혀 보세요.

201 What I really want is ~.

202 What I really need is ~.

203 What I really think is ~.

204 What I really mean is ~.

205 What I really care about is ~.

206 What I really need from you is ~.

Date. . .

PATTERN CHALLENGE

201

☐☐☐

What I really want is ~.

제가 정말로 원하는 것은 ~예요.

What I really want is *some answers.*

제가 정말로 원하는 것은 답변들이에요.

What I really want is *another chance.*

제가 정말로 원하는 것은 또 한 번의 기회예요.

What I really want is *a vacation.*

제가 정말로 원하는 것은 휴가예요.

What I really want is *some help.*

제가 정말로 원하는 것은 약간의 도움이에요.

What I really want is *a friend.*

제가 정말로 원하는 것은 친구예요.

another chance 또 한 번의 기회

What I really want is ~.는 대화하고 있는 상대에게 자신이 원하는 바를 돌직구로 알려주는 표현입니다. 이 패턴을 써서 원하는 바를 딱 집어 표현해 보세요.

Date. . .

□□□

What I really need is ~.

제가 정말로 필요한 것은 ~예요.

What I really need is *a drink.*

제가 정말로 필요한 것은 한잔 하는 거예요.

What I really need is *a smoke.*

제가 정말로 필요한 것은 담배 한 모금이에요.

What I really need is *some money.*

제가 정말로 필요한 것은 얼마간의 돈이에요.

What I really need is *your opinion.*

제가 정말로 필요한 것은 당신의 의견이에요.

What I really need is *for you to be honest.*

제가 정말로 필요한 것은 당신이 나한테 정직한 거예요.

What I really want is ~.와 아주 흡사한 패턴이지만, 이 패턴에서는 want보다는 더 강한 요청인 need를 사용해 좀 더 강하게 자신의 의견을 정확하게 표현하고 있습니다.

Date. . .

What I really think is ~.

제가 정말로 뭘 생각하냐면 ~예요.

What I really think is
this is a disaster.

제가 정말로 뭘 생각하냐면 이것은 재앙이라는 거예요.

What I really think is
you need to try harder.

제가 정말로 뭘 생각하냐면 당신은 더 열심히 해야 한다는 거예요.

What I really think is
we should break up.

제가 정말로 뭘 생각하냐면 우린 헤어져야 한다는 거예요.

What I really think is
you're making a mistake.

제가 정말로 뭘 생각하냐면 당신 실수하고 있다는 거예요.

What I really think is
I'm going to give up.

제가 정말로 뭘 생각하냐면 전 포기할 거라는 거예요.

disaster 재앙 make a mistake 실수하다

상대방이 내게 의견을 알려달라고 물어볼 때 이 패턴을 사용해서 내 생각을 간결하게 전달하면 됩니다. 직역하면 '제가 정말로 생각하는 무엇은 ~이에요'인데, '제가 정말로 뭘 생각하냐면 ~예요'로 의역하면 좋습니다.

Date. . .

□□□

What I really mean is ~.

제 말은 ~라는 거예요.

What I really mean is
you should come with me.

제 말은 당신이 저랑 가야 한다는 거예요.

What I really mean is
I don't think it's going to work.

제 말은 그건 잘 안 될 것 같다는 거예요.

What I really mean is
you look great.

제 말은 당신 아주 좋아 보인다고요.

What I really mean is
I'm moving out.

제 말은 제가 이사 나간다는 말이에요.

What I really mean is
I had a hard time with it.

제 말은 제가 그것 때문에 힘든 시간을 보냈다는 거예요.

move out 이사 나가다

What I really mean is ~.는 상대방이 내가 한 말을 잘 못 알아들었을 때 '제 말은 ~라는 거예요'라고 확인 사살을 해주는 패턴입니다.

Date.　　.　　.　　☐☐☐

What I really care about is ~.

제가 진정으로 신경 쓰는 것은 ~예요.

What I really care about is *you.*

제가 진정으로 신경 쓰는 것은 당신이에요.

What I really care about is *my family.*

제가 진정으로 신경 쓰는 것은 우리 가족이에요.

What I really care about is *my job.*

제가 진정으로 신경 쓰는 것은 제 일이에요.

What I really care about is *the company.*

제가 진정으로 신경 쓰는 것은 회사예요.

What I really care about is *winning.*

제가 진정으로 신경 쓰는 것은 이기는 거예요.

care about은 '~에 마음을 쓰다, ~에 관심을 가지다'란 뜻이므로, What I really care about is ~. 하면 '제가 진정으로 신경을 쓰는 것은 ~예요'란 뜻이 됩니다. care는 일상 회화에서 차지하는 비중이 아주 큰 단어이므로 나올 때마다 잘 연습해 두세요.

Date.

What I really need from you is ~. 제가 당신한테 정말 필요한 것은 ~예요.

What I really need from you is *your honest opinion.*

제가 당신한테 정말 필요한 것은 당신의 솔직한 의견이에요.

What I really need from you is *some help.*

제가 당신한테 정말 필요한 것은 약간의 도움이에요.

What I really need from you is *to keep this secret.*

제가 당신한테 정말 필요한 것은 이 비밀을 지켜달라는 거예요.

What I really need from you is *your email address.*

제가 당신한테 정말 필요한 것은 당신의 이메일 주소예요.

What I really need from you is *a few minutes of your time.*

제가 당신한테 정말 필요한 것은 당신이 잠시만 시간을 내 주는 거예요.

honest opinion 솔직한 의견

What I really need from you is ~.를 직역하면 '제가 당신으로부터 정말로 필요한 것은 ~예요'인데, '제가 당신한테 정말 필요한 것은 ~예요'라고 해석하면 좀 부드러워집니다.

201

A : **What I really want is** *a vacation.*

B : You and me both!

......

A : **What I really want is** *some answers.*

B : I told you everything I know.

202

A : **What I really need is** *a smoke.*

B : I thought you quit.

A : I gave up.

......

A : **What I really need is** *for you to be honest.*

B : I'm always honest with you.

203

A : **What I really think is** *this is a disaster.*

B : Don't be so negative.

......

A : What do you think?

B : **What I really think is** *you're making a mistake.*

201 A : 내가 정말로 원하는 것은 휴가야. B : 너나 나나 그렇지! | A : 내가 정말로 원하는 것은 답변들이야. B : 내가 아는 건 너한테 다 말했어. 202 A : 내가 정말로 필요한 것은 담배 한 모금이야. B : 너 끊은 줄 알았는데. A : 포기했어. | A : 내가 정말로 필요한 것은 네가 나한테 정직한 거야. B : 난 항상 너한테 정직해. 203 A : 내가 정말로 뭘 생각하냐면 이것은 재앙이라는 거야. B : 너무 부정적으로 보지 마. | A : 넌 어떻게 생각해? B : 내가 정말로 뭘 생각하냐면 네가 실수하고 있다는 거야.

204

A : Wow! Look at you!

B : What does that mean?

A : **What I really mean is** *you look great.*

……

A : I think we need to split up.

B : What are you trying to say?

A : **What I really mean is** *I'm moving out.*

205

A : All you do is work.

B : **What I really care about is** *my job.*

……

A : What's most important to you?

B : **What I really care about is** *my family.*

206

A : **What I really need from you is** *your email address.*

B : I'll write it down for you.

……

A : **What I really need from you is** *to keep this secret.*

B : I won't tell anyone.

A : I trust you.

204 A : 와! 끝내주는데! B : 그게 무슨 말이야? A : 내 말은 너 아주 좋아 보인다고. | A : 우리 헤어져야 할 것 같아. B : 그게 무슨 소리야? A : 내 말은 내가 이사 나간다는 말이야. 205 A : 너는 오로지 일만 하는구나. B : 내가 진정으로 신경 쓰는 것은 내 일이니까. | A : 너한테 가장 중요한 것은 뭐야? B : 내가 진정으로 신경 쓰는 것은 우리 가족이야. 206 A : 내가 너한테 정말 필요한 것은 너의 이메일 주소야. B : 내가 적어줄게. | A : 내가 너한테 정말 필요한 것은 이 비밀을 지켜달라는 거야. B : 아무한테도 말 안 할게. A : 널 믿어.

Pattern 207-213

Chapter 27

Say

say는 동사 tell처럼 '말하다'란 의미이지만 She said I am fool.처럼 주로 뒤에 말하는 대상이 없이 말하는 내용이 나오는 문형으로 많이 쓰입니다. say는 원어민들이 일상생활에서 정말 자주 쓰는 표현인데요, 다양한 say의 활용법을 패턴 문장으로 익혀보세요.

207 I'd like to say ~.

208 Please say ~.

209 I'm just saying that ~.

210 What I'm trying to say is ~.

211 What do you say ~?

212 Are you saying ~?

213 I wouldn't say ~.

Date. . .

I'd like to say ~.

~라고 말하고 싶어요.

I'd like to say *thank you.*

당신에게 고맙다고 말하고 싶어요.

I'd like to say *congratulations.*

축하드린다고 말하고 싶어요.

I'd like to say *a few words.*

몇 마디만 말하고 싶어요.

I'd like to say *hello.*

인사드리고 싶어요.

I'd like to say *yes, but I can't.*

알겠다고 하고 싶지만 그럴 수가 없네요.

say hello 인사하다, 인사말을 건네다

I'd like to say ~.는 상대방에게 말하고자 하는 것을 밝힐 때 사용하는 패턴입니다. I'd like to는 보통 '~하고 싶다'라는 소망을 나타냅니다.

Date. . .

☐☐☐

Please say ~.

~라고 말해 줘요.

Please say *you agree.*

동의한다고 말해 줘요.

Please say *you can make it.*

오실 수 있다고 말해 줘요.

Please say *you love me, too.*

당신도 날 사랑한다고 말해 줘요.

Please say *you'll go out with me.*

나랑 데이트할 거라고 말해 줘요.

Please say *it's not over.*

아직 끝나지 않았다고 말해 줘요.

make it (모임 등에) 참석하다 be over ~이 끝나다

특히 친한 친구 사이에 또는 회사 동료끼리 많이 쓰는 이 패턴은 상대방에게 원하는 답변을 얻어내기 위해 사용합니다. 이때 그냥 말로만 Please라고 하지 말고 간절한 표정과 함께 해야 더 잘 통하겠죠?

Date.

I'm just saying that ~.

전 단지 ~라고 말하고 있는 거예요.

I'm just saying that *we need to talk.*

전 단지 우리가 대화가 필요하다고 말하고 있는 거예요.

I'm just saying that *it would be difficult.*

전 단지 그게 어려울 거라고 말하고 있는 거예요.

I'm just saying that *I disagree with you.*

전 단지 당신에게 동의하지 않는다고 말하고 있는 거예요.

I'm just saying that *I need time to think.*

전 단지 생각할 시간이 필요하다고 말하고 있는 거예요.

I'm just saying that *I need some space.*

전 단지 저만의 공간이 좀 필요하다고 말하고 있는 거예요.

space 공간, (생각할 수 있는) 시간

I'm just saying that ~.은 자신이 말하고자 하는 바를 상대방이 제대로 이해하지 못했을 때 하고자 하는 말을 분명히 밝힐 때 사용하는 패턴입니다.

Date. . .

What I'm trying to say is ~.

제가 말하고자 하는 바는 ~예요.

What I'm trying to say is
I'm sorry.

제가 말하고자 하는 바는 미안하다는 거예요.

What I'm trying to say is
it's too late.

제가 말하고자 하는 바는 너무 늦었다는 거예요.

What I'm trying to say is
you can't come with me.

제가 말하고자 하는 바는 당신이 저랑 함께 갈 수 없다는 거예요.

What I'm trying to say is
you won't understand.

제가 말하고자 하는 바는 당신은 이해 못할 거라는 거예요.

What I'm trying to say is
I can't do this anymore.

제가 말하고자 하는 바는 전 이것을 더 이상 할 수 없다는 거예요.

What I'm trying to say is ~.는 자기가 말하고자 하는 바를 분명히 하거나 요약하고자 할 때 사용하는 패턴입니다.

Date. . .

What do you say ~?

~은 어때요?

What do you say *about my new boyfriend*?

내 새 남자친구 어때요?

What do you say *about this dress*?

이 드레스 어때요?

What do you say *that we get together tonight*?

오늘밤 우리 함께 노는 게 어때요?

What do you say *that we call it a day*?

우리 오늘은 여기까지 하는 게 어때요?

What do you say *that we stop for a drink*?

한잔 하러 가는 게 어때요?

get together 모이다, 함께 만나다, 함께 놀다 call it a day 하루의 업무를 그만 끝내다

상대방의 의견이나 평을 듣고 싶을 때 What do you say ~?로 물어보면 됩니다. 원어민들이 정말 많이 쓰는 패턴이니 잘 기억해서 써먹어 보세요. 간단하게 What do you say?라고만 하면 "당신 생각은요?"란 표현입니다.

Are you saying ~?

~라고 말하는 거예요?

Are you saying *no*?

안 된다고 말하는 거예요?

Are you saying *this is wrong*?

이게 잘못됐다고 말하는 거예요?

Are you saying *you agree with Casey*?

Casey 생각에 동의한다고 말하는 거예요?

Are you saying *you don't like it*?

당신은 그걸 좋아하지 않는다고 말하는 거예요?

Are you saying *I'm arrogant*?

제가 거만하다고 말하는 거예요?

arrogant 거만한

Are you saying ~?은 상대방이 한 말의 의미를 되묻는 표현으로, 말한 이의 의도를 파악하거나 의미를 정확히 확인할 때 쓸 수 있습니다. 영어 초보들이 특히 유용하게 쓸 수 있는 표현이니 꼭 알아 두세요.

Date. . .

□□□

I wouldn't say ~.

~라고 말하진 않지요.

I wouldn't say *it's impossible.*

그게 불가능하다고 말하진 않지요.

I wouldn't say *it's a good choice.*

그게 좋은 선택이라고 말하진 않지요.

I wouldn't say *I'm good at it.*

내가 그걸 잘한다고 말하진 않지요.

I wouldn't say *no to a beer.*

맥주를 안 마시겠다고 말하지는 않지요.

I wouldn't say *he's a keeper.*

그가 괜찮은 사람이라고 말하진 않지요.

keeper 괜찮은 사람, (애인이나 결혼 상대로) 놓치고 싶지 않은 사람

I wouldn't say ~.는 그것이 사실일 수도 있지만 어떤 이유에서건 그렇게 말하지는 않을 거라고 말할 때 사용하는 패턴입니다. will이 의지의 표현인 것처럼 wouldn't도 부정이긴 하지만 의지를 강하게 나타내는 표현입니다.

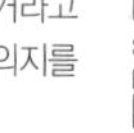

207

A : **I'd like to say** *thank you.*

B : You're welcome!

......

A : Do you want to grab a drink?

B : **I'd like to say** *yes, but I can't.*

A : Maybe some other time?

208

A : **Please say** *you agree.*

B : Of course, I agree with you!

......

A : I'm having a Halloween party tonight.

B : That sounds like fun.

A : **Please say** *you can make it.*

209

A : **I'm just saying that** *we need to talk.*

B : I don't have anything to say to you.

......

A : I don't know why you're being negative.

B : **I'm just saying that** *it would be difficult.*

210

A : **What I'm trying to say is** *you can't come with me.*

B : Why not?

......

A : What are you mumbling about?

B : **What I'm trying to say is** *I'm sorry.*

A : Thank you for apologizing.

207 A : 당신에게 고맙다고 말하고 싶어요. B : 별말씀을요! | A : 한잔 할래? B : 그러겠다고 하고 싶지만 그럴 수가 없네. A : 그럼 다음에? 208 A : 동의한다고 말해 줘. B : 당연히 동의하지! | A : 오늘밤에 할로윈 파티 할 건데. B : 재미있겠다. A : 너 올 수 있다고 말해 줘. 209 A : 난 단지 우리가 대화가 필요하다고 말하고 있는 거야. B : 난 너한테 할 말이 하나도 없어. | A : 난 네가 왜 그렇게 부정적인지 모르겠어. B : 난 단지 그게 어려울 거라고 말하고 있는 거야. 210 A : 내가 말하고자 하는 바는 네가 나랑 함께 갈 수 없다는 거야. B : 왜 안 되는데? | A : 너 뭐라고 중얼거리는 거야? B : 내가 말하고자 하는 바는 미안하다는 거야. A : 사과해 줘서 고마워.

□□□

211

A : **What do you say** *that we stop for a drink*?

B : I think that's a great idea.

......

A : **What do you say** *about this dress*?

B : It looks amazing on you.

A : Are you being honest?

212

A : **Are you saying** *this is wrong*?

B : Don't put words in my mouth.

......

A : **Are you saying** *you agree with Casey*?

B : I think she has a good point.

213

A : **I wouldn't say** *it's impossible.*

B : It might be hard though.

......

A : **I wouldn't say** *he's a keeper.*

B : I disagree. I like him!

211 A : 한잔 하러 가는 거 어때요? B : 좋은 생각이에요. | A : 이 드레스 어때? B : 너한테 정말 잘 어울려. A : 그게 사실이야? 212 A : 이게 잘못됐다고 말하는 거예요? B : 제가 언제 그렇게 말했어요? | A : Casey 생각에 동의한다는 말씀이신가요? B : 그녀 말이 일리가 있다고 생각해요. 213 A : 그게 불가능하다고 말하진 않지요. B : 그렇지만 좀 힘들지도요. | A : 걔가 괜찮은 사람이라고 말하진 않지. B : 난 동의 못 해. 난 걔 좋아해!

Pattern 214-220

Chapter 28

필수 부사 패턴

부사는 빼도 문장이 성립하는, 뭔가를 꾸며주는 성격이 강합니다. 여기 정리한 표현은 주로 주어나 동사 뒤에 와서 문장 자체를 꾸며주고 주어의 의지를 좀 더 명확하게 보여주는 역할을 합니다. 원어민들이 매일 쓰는 부사 패턴들만 모았습니다.

214 I'm absolutely ~.

215 This is totally ~.

216 I'd rather ~.

217 I'm definitely -ing ~.

218 I probably ~.

219 I'll never ~.

220 Is there enough ~?

Date. . .

□□□

I'm absolutely ~.

완전히 ~해요.

I'm absolutely *sure.*

정말로 확실해요.

I'm absolutely *thrilled.*

완전 짜릿해요.

I'm absolutely *overworked.*

진짜 일이 너무 많아요.

I'm absolutely *exhausted.*

완전히 지쳤어요.

I'm absolutely *behind you on this.*

이것에 대해선 전적으로 당신 편이에요.

overworked 혹사당하는 behind ~를 편들어, ~를 지지하여

부사를 적절히 사용하면 영어가 한층 살아납니다. 가령 우리말의 '스릴이 있다'를 영어로는 I'm thrilled. 하면 되지만, 영어를 잘하는 사람은 부사 absolutely를 넣어서 I'm absolutely thrilled.라고 좀 더 실감나게 표현을 합니다.

Date. . .

This is totally ~.

이건 완전 ~예요.

This is totally *awesome.*

이건 완전 최고예요.

This is totally *stupid.*

이건 완전 바보 짓이에요.

This is totally *unexpected.*

이건 완전히 생각지도 못한 거예요.

This is totally *reckless.*

이건 완전 무모해요.

This is totally *off the wall.*

이건 완전 특이해요.

reckless 무모한 off the wall 특이한

어떤 것에 대한 느낌을 표현할 때 그냥 간단히 This is ~.를 써서 '이건 ~예요'라고 말해도 되지만, totally를 넣어 '이건 완전 ~예요'라고 표현하면 말하는 이의 감정이 한층 잘 전달되겠죠?

Date. . .

I'd rather ~.

차라리 ~하는 게 낫겠어요.

I'd rather *listen to music.*

차라리 음악을 듣는 게 낫겠어요.

I'd rather *go out to eat.*

차라리 외식하는 게 낫겠어요.

I'd rather *finish it today.*

차라리 그걸 오늘 끝내는 게 낫겠어요.

I'd rather *be home in bed.*

차라리 집에서 누워 있는 게 낫겠어요.

I'd rather *not talk about it.*

그것에 대해서는 말하지 않는 게 낫겠어요.

go out to eat 외식하다

I'd rather ~.는 I would rather ~.의 축약형으로, 앞서 제시된 내용이 마음에 들지 않을 때 차선책을 언급하는 표현입니다. rather는 '오히려', '차라리'라는 뜻의 부사입니다.

Date. . .

□ □ □

I'm definitely -ing ~.

전 꼭 ~할 거예요.

I'm definitely *buying this car.*

전 꼭 이 차를 살 거예요.

I'm definitely *going to travel.*

전 꼭 여행을 갈 거예요.

I'm definitely *asking for her number.*

전 꼭 그녀의 전화번호를 물어볼 거예요.

I'm definitely *breaking up with Mark.*

전 꼭 Mark랑 헤어지고 말 거예요.

I'm definitely *getting the chocolate one.*

전 꼭 초코로 할 거예요.

break up with ~와 헤어지다

문장에 부사 definitely를 넣으면 '확실히, 당연히'란 뜻으로 강한 긍정을 나타내거나, '꼭'이라는 의미로 자신의 의지를 명확하게 표현할 수 있습니다. 영어를 잘하고 못하고는 한끝의 차이입니다.

Date. . .

□□□

I probably ~.

전 아마도 ~인 것 같아요.

I probably *just forgot.*

아마도 제가 깜박한 것 같아요.

I probably *need more time.*

전 아마도 시간이 더 필요한 것 같아요.

I probably *can't afford it.*

전 아마도 그걸 살 여유가 없을 것 같아요.

I probably *won't like it.*

전 아마도 그것을 좋아하지 않을 것 같아요.

I probably *can't stay long.*

전 아마도 오래 있지는 못할 것 같아요.

can't afford ~할 형편이 안 된다, ~을 살 여유가 없다

한국인은 거의 쓰지 않지만 원어민은 늘 입에 달고 다니는 단어가 부사 probably입니다. probably는 '아마도'라는 뜻으로, I probably ~.는 어느 정도 확신은 있지만 어떤 상황을 완벽하게 확신하지 못하거나 짐작을 표시할 때 쓰는 패턴입니다.

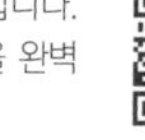

Date. . .

□□□

I'll never ~.

전 결코 ~하지 않을 거예요.

I'll never *do it again.*

전 결코 그것을 다시 하지 않을 거예요.

I'll never *get a tattoo.*

전 절대 문신은 안 할 거예요.

I'll never *drink wine again.*

전 결코 다시는 와인을 마시지 않을 거예요.

I'll never *be rich.*

전 결코 부자가 될 수가 없을 거예요.

I'll never *ride a motorcycle.*

전 절대로 오토바이는 안 탈 거예요.

'결코 ~하지 않다, 절대 ~하지 못하다'란 뜻의 never는 아주 쉬운 단어임은 분명한데도 한국인들은 회화에서 이 never를 쓰는 것을 많이 꺼려합니다. never를 말하는 데 익숙하지 않아 그런 건데 이번 기회에 never를 확실히 입에 붙여 보세요.

Date. . .

□□□

Is there enough ~?

~이 충분히 있나요?

Is there enough *soda pop*?

탄산음료가 충분히 있나요?

Is there enough *pizza for everyone*?

다들 먹을 피자가 충분이 있나요?

Is there enough *time before the meeting*?

회의 전에 시간이 충분이 있나요?

Is there enough *time for me to eat breakfast*?

아침식사 먹을 시간이 충분이 있나요?

Is there enough *space in the closet*?

옷장에 공간이 충분이 있나요?

soda pop (사이다, 콜라 등의) 탄산음료 closet 옷장

뭔가가 충분히 있는지 확인할 때 Is there enough ~? 패턴을 사용하면 됩니다. 회의나 파티를 준비할 때, 여행 떠날 채비를 할 때, 진행 중인 상황을 파악할 때와 같이 어떤 일을 하기 전에 있어야 할 것이 충분히 있는지 미리 확인할 때 유용한 패턴이에요.

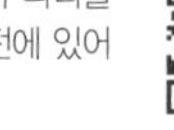

214

A : Are you sure you want to do this?

B : **I'm absolutely** *sure.*

……

A : How do you feel?

B : **I'm absolutely** *thrilled.*

215

A : What do you think?

B : **This is totally** *awesome.*

……

A : You're going too fast!

B : It's fine.

A : **This is totally** *reckless.*

216

A : Do you want me to cook dinner?

B : **I'd rather** *go out to eat.*

A : That sounds good to me.

……

A : Are you okay?

B : **I'd rather** *not talk about it.*

217

A : **I'm definitely** *breaking up with Mark.*

B : Why? What happened?

……

A : Which one are you getting?

B : **I'm definitely** *getting the chocolate one.*

214 A : 너 진짜로 이거 하고 싶어? B : 정말로 확실해. | A : 기분이 어때? B : 완전 짜릿해. 215 A : 어때? B : 이건 완전 최고야. | A : 너 너무 빨리 운전하잖아! B : 괜찮아. A : 이건 완전 무모해. 216 A : 내가 저녁 요리할까? B : 차라리 외식하는 게 낫겠어. A : 그거 좋지. | A : 너 괜찮아? B : 그것에 대해서는 말하지 않는 게 낫겠어. 217 A : 난 꼭 Mark랑 헤어지고 말 거야. B : 왜? 무슨 일 있었어? | A : 어떤 걸로 살 거야? B : 난 꼭 초코로 할 거야.

□□□

218

A : Don't you want to see the new iPhone?

B : **I probably** *can't afford it.*

……

A : Do you want to sit down for a while?

B : **I probably** *can't stay long.*

219

A : **I'll never** *be rich.*

B : Never say never.

……

A : **I'll never** *get a tattoo.*

B : Why not?

A : I'm afraid of needles.

220

A : **Is there enough** *pizza for everyone***?**

B : We should have more than enough.

A : Okay, can I have a slice?

……

A : Put that box in the coat closet.

B : **Is there enough** *space in the closet***?**

A : There should be!

218 A : 너 새로 나온 아이폰 보고 싶지 않아? B : 난 아마도 그걸 살 여유가 없을 것 같아. | A : 잠시 앉아 있을래요? B : 전 아마도 오래 있지는 못할 것 같아요. 219 A : 전 결코 부자가 될 수가 없을 거예요. B : 절대 그런 말은 마세요. | A : 난 절대 문신은 안 할 거야. B : 왜? A : 바늘이 무서워서. 220 A : 다들 먹을 피자가 충분이 있을까? B : 충분히 먹고도 남을 만큼 있어. A : 알겠어. 나 한 조각만 줄래? | A : 박스를 옷장에 넣어. B : 옷장에 공간이 충분이 있어? A : 충분히 있을 거야!

Pattern 221-227

Chapter 29

It's time ~.

time은 단어 자체가 가지고 있는 '시간'이라는 의미처럼, '~할 시간이다'라는 의미로 자주 쓰입니다. 또 Take some time ~.이나 This is the last time ~.처럼 다른 방식으로도 쓰입니다. 다양한 패턴 예문으로 time 표현을 학습해 보세요.

221 It's time to ~.

222 It's time for ~.

223 My time is ~.

224 Take some time ~.

225 Maybe it's time ~.

226 The best time to ~.

227 This is the last time ~.

Date. . .

It's time to ~.

이제 ~할 시간이에요.

It's time to *leave.*

이제 가야 할 시간이에요.

It's time to *watch TV.*

이제 TV 볼 시간이에요.

It's time to *go to bed.*

이제 자야 할 시간이에요.

It's time to *feed the dog.*

이제 강아지 밥 줄 시간이에요.

It's time to *pick up this mess.*

이제 이 지저분한 것을 정리할 시간이에요.

pick up 치우다, 정리정돈하다

It's time to ~.는 무언가를 할 시간이 되었을 때 상대방에게 상기시키는 패턴입니다. to 다음에는 반드시 동사원형을 씁니다. 하루에 10번 이상 쓸 수 있는 패턴이므로 꼭 기억하기 바랍니다.

Date. . .

It's time for ~.

~할 때예요.

It's time for *dinner.*

저녁 먹을 때예요.

It's time for *your medicine.*

당신 약 먹을 때예요.

It's time for *a new car.*

새 차를 사야 할 때예요.

It's time for *a vacation.*

휴가를 가야 할 때예요.

It's time for *another round of drinks.*

술을 한 잔씩 더 돌릴 때예요.

another round of drinks 같은 자리에서 한 잔씩 더 돌리는 것 또는 2차를 가는 것

이 표현 역시 It's time to ~.와 마찬가지로 '~을 할 때가 왔다'는 의미로 사용합니다. It's time for 다음에는 동사를 쓰지 않고 명사나 명사구를 쓴다는 점이 다릅니다.

Date. . .

My time is ~.

제 시간은 ~예요.

My time is *up.*

제 시간은 다 됐어요.

My time is *running out.*

제 시간이 다 되어가고 있어요.

My time is *valuable.*

제 시간은 소중해요.

My time is *limited.*

제 시간은 정해져 있어요.

My time is *short.*

제 시간은 짧아요.

valuable 소중한, 가치가 큰

My time is ~. 하면 '제 시간은 ~예요'란 표현입니다. 바쁜 현대인은 이런저런 일들로 시간을 빼앗기는 경우가 많은데, 복잡한 세상 내 시간을 낭비하게 하는 상황들에 이 표현들을 활용해 보세요.

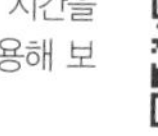

Date. . .

PATTERN CHALLENGE

224

□ □ □

Take some time ~.

~할 시간을 좀 가지세요.

Take some time *to think about it.*

생각할 시간을 좀 가지세요.

Take some time *for yourself.*

당신만의 시간을 좀 가지세요.

Take some time *to relax.*

휴식의 시간을 좀 가지세요.

Take some time *to spend with your family.*

가족들과 시간을 좀 가지세요.

Take some time to *learn a new hobby.*

새로운 취미를 배울 시간을 좀 가지세요.

hobby 취미

늘 바쁘게 살아가는 친구나 동료에게 하던 일을 멈추고 뭔가 할 시간을 만들라고 조언하고 싶다면 Take some time ~.을 이용해서 표현하면 됩니다.

Date. . .

□□□

Maybe it's time ~.

아마도 ~할 때인 것 같아요.

Maybe it's time *for a haircut.*

아마도 머리를 잘라야 할 때인 것 같아요.

Maybe it's time *for a change.*

아마도 변화를 주어야 할 때인 것 같아요.

Maybe it's time *to sell the house.*

아마도 집을 팔 때인 것 같아요.

Maybe it's time *to ask for help.*

아마도 도움을 요청할 때인 것 같아요.

Maybe it's time *to let it go.*

아마도 이제 잊어버려할 때인 것 같아요.

ask for help 도움을 요청하다 let it go 다 잊어버리다, 신경을 끄다

Maybe it's time ~.는 확실하지는 않지만 무언가를 할 때라고 생각될 때 사용하는 패턴입니다. maybe는 '아마도'란 뜻으로, perhaps와 거의 같은 의미입니다.

Date.

The best time to ~.

~하기 위한 최고의 때는 ~예요.

The best time to
shop is at night.

쇼핑하기에 최고의 때는 밤이에요.

The best time to
exercise is in the morning.

운동하기에 최고의 때는 아침이에요.

The best time to
travel is in the winter.

여행하기에 가장 좋은 때는 겨울이에요.

The best time to
catch me at home is before noon.

집에서 저를 보기에 가장 좋은 때는 낮 12시 전이에요.

The best time to
get it on sale is after Christmas.

세일 가격에 그것을 살 수 있는 최고의 때는 크리스마스가 지난 후예요.

best는 '최고, 최선'이라는 뜻이므로 이 패턴은 무엇인가를 하기에 가장 좋은 때를 제안할 때 사용하면 좋은 표현입니다.

Date. . .

□□□

This is the last time ~.

~하는 것도 이게 마지막이에요.

This is the last time
I will ask for your help.

당신에게 도움을 요청하는 것도 이게 마지막이에요.

This is the last time
I'm eating here.

내가 여기서 밥을 먹는 것도 이게 마지막이에요.

This is the last time
I will let you borrow my car.

당신에게 내 차를 빌려주는 것도 이번이 마지막이에요.

This is the last time
I will give my opinion.

내가 의견을 주는 것도 이번이 마지막이에요.

This is the last time
you hurt me.

당신이 나한테 상처를 주는 것도 이게 마지막이에요.

opinion 의견

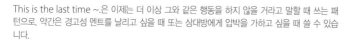

This is the last time ~.은 이제는 더 이상 그와 같은 행동을 하지 않을 거라고 말할 때 쓰는 패턴으로, 약간은 경고성 멘트를 날리고 싶을 때 또는 상대방에게 압박을 가하고 싶을 때 쓸 수 있습니다.

221

A : **It's time to** *go to bed.*

B : Good night!

......

A : **It's time to** *feed the dog.*

B : I already fed him.

A : Did he eat it all?

222

A : **It's time for** *another round of drinks.*

B : I'll have one!

......

A : My car broke down again.

B : **It's time for** *a new car.*

A : I can't afford one!

223

A : Can I talk to you?

B : **My time is** *limited.*

......

A : I didn't mean to waste your time.

B : **My time is** *valuable.*

A : I'm sorry!

224

A : **Take some time** *to relax.*

B : I will. I promise.

......

A : Thanks for the time off.

B : **Take some time** *to spend with your family.*

A : I will do that.

221 A : 이제 자야 할 시간이야. B : 잘 자! | A : 이제 강아지 밥 줄 시간이야. B : 벌써 줬는데. A : 강아지가 다 먹었어? 222 A : 술을 한 잔씩 더 돌릴 때야. B : 나도 한 잔! | A : 내 차 또 고장 났어. B : 새 차를 사야 할 때야. A : 새로 살 여력이 안 돼! 223 A : 얘기 좀 할 수 있을까? B : 내게 주어진 시간은 정해져 있어. | A : 당신 시간을 낭비하려고 했던 게 아니에요. B : 제 시간은 소중해요. A : 미안해요! 224 A : 휴식의 시간을 좀 가지세요. B : 그럴게요. 약속해요. | A : 휴가를 주셔서 감사해요. B : 가족들과 시간을 좀 가지세요. A : 그럴게요.

225

A : Your hair is looking shaggy.

B : **Maybe it's time** *for a haircut.*

……

A : I'm still really upset with him.

B : **Maybe it's time** *to let it go.*

226

A : When's the best time to work out?

B : **The best time to** *exercise is in the morning.*

A : **The best time to** *catch me at home is before noon.*

B : I'll stop by tomorrow morning.

227

A : This food is horrible!

B : **This is the last time** *I'm eating here.*

……

A : I got in a fender bender.

B : **This is the last time** *I will let you borrow my car.*

A : I'm really sorry!

225 A : 너 머리가 덥수룩해 보여. B : 아마도 머리를 잘라야 할 때인 것 같아. | A : 난 아직도 걔한테 정말 화가 나. B : 아마도 이제 잊어버려할 때인 것 같아. 226 A : 운동하기에 가장 좋은 때는 언제야? B : 운동하기에 최고의 때는 아침이지. | A : 집에서 나를 보기에 가장 좋은 때는 낮 12시 전이야. B : 내일 아침에 잠깐 들를게. 227 A : 이 음식 끔찍하네! B : 내가 여기서 밥을 먹는 것도 이게 마지막이야. | A : 나 접촉사고 났어. B : 너한테 내 차를 빌려주는 것도 이번이 마지막이야. A : 정말 미안해!

Pattern 228-233

Chapter 30

화상회의 필수 네이티브 패턴

최근에 화상회의를 정말 많이 하는데 회의를 하며 주요 내용을 설명할 때 많이 쓰는 표현을 모았습니다. 다양한 패턴을 보며 학습해 보세요.

Date. . .

□□□

Whatever ~.

~하는 게 뭐든 ~해요.

Whatever *you want, just tell me.*

원하는 게 뭐든 말만 해요.

Whatever *you say, the answer is no.*

당신이 뭐라고 해도, 제 대답은 '아니오'예요.

Whatever *he says, just ignore it.*

그가 무슨 말을 하든 그냥 무시해 버리세요.

Whatever *she says, don't believe it.*

그녀가 뭐라고 하든 믿지 마세요.

Whatever *happens, stick close to me.*

무슨 일이 있어도 제 옆에 있어요.

ignore 무시하다

'뭘 먹든', '뭘 원하든'처럼 '뭘 ~하든', '~하는 게 뭐든'이라고 말할 때는 의문사 what에 ever를 붙여서 Whatever라고 하면 됩니다. 그러나 Whatever를 패턴이 아니라 대화 중에 그냥 간단히 Whatever!라고 말하면 "네 맘대로"라는 뜻이 있다는 점도 알아 두세요.

Date. . .

Whoever ~.

~한 사람은 누구든지 ~해요.

Whoever
is the fastest will win.

누구든 가장 빠른 사람이 이길 거예요.

Whoever
comes is welcome.

누구든지 오시는 분은 환영입니다.

Whoever
needs help, raise your hand.

도움이 필요한 사람은 누구든 손을 드세요.

Whoever
made this mess had better clean it up.

이렇게 난장판으로 만든 사람은 누구든 빨리 치우는 게 나을 겁니다.

Whoever
broke it had better fix it.

이것을 부순 사람은 누구든 고쳐놓는 게 나을 겁니다.

Whoever를 '복합관계사'라는 영문법으로 접근하면 머리가 막 아파집니다. 하지만 Whoever를 '누구든지, 누구든'이라고 간단히 이해한 후 바로 예문으로 익히면 아주 활용도가 높은 표현입니다.

Date. . .

□□□

Whenever ~.

~할 때마다 ~해요.

Whenever
I think about it, I cry.

전 그것을 생각할 때마다 울어요.

Whenever
the boss shows up, people get nervous.

부장님이 나타날 때마다 다들 긴장해요.

Whenever
I'm on a boat, I get seasick.

전 배를 탈 때마다 배멀미를 해요.

Whenever
I sneeze, my eyes water.

전 재채기를 할 때마다 눈에 눈물이 고여요.

Whenever
I feel tired, I eat some chocolate.

전 피곤하다고 느낄 때마다 초콜렛을 좀 먹어요.

seasick 배 멀미

Whenever ~.는 '때'를 나타내는 when에 '어느 시점에, 항상'을 가리키는 ever가 붙어 '~할 때마다'라는 뜻이 된 것입니다.

Date. . .

Wherever ~.

어디를 ~든지/어디에 ~든지/어디든지 ~해요.

Wherever
you go, I will go with you.

당신이 어디를 가든지 저는 당신과 함께 갈 거예요.

Wherever
I go, I always get lost.

어디를 가든지 전 늘 길을 잃어요.

Wherever
you are, be careful.

어디에 있든지 조심하세요.

Wherever
she shops, she finds bargains.

어디에서 쇼핑을 하든지 그녀는 싼 물건을 찾아요.

Wherever
you go to college, I know you'll do great.

당신이 어느 대학을 가든지 잘할 것이라는 것을 알아요.

bargain 싸게 사는 물건

Wherever도 복합관계부사라고 합니다. Wherever은 Where(장소)+ever가 합쳐졌는데 쉽게 풀어보면 at any place where이 됩니다. 그 의미는 '어디든지'입니다.

Date. . .

□□□

No matter what ~.

무슨 ~를 해도 ~해요.

No matter what
happens, don't shout.

무슨 일이 있어도 소리치지 마세요.

No matter what
you say, I'll always love you.

당신이 뭐라고 말을 하든 난 항상 당신을 사랑할 거예요.

No matter what
happens, we'll be friends forever.

무슨 일이 있어도 우린 평생 친구예요.

No matter what
he says, you can't believe him.

그가 무슨 말을 하든 믿지 마세요.

No matter what
I do, I can't lose weight.

뭘 해도 살을 뺄 수가 없어요.

shout 소리를 지르다 lose weight 살을 빼다

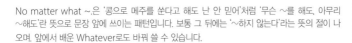

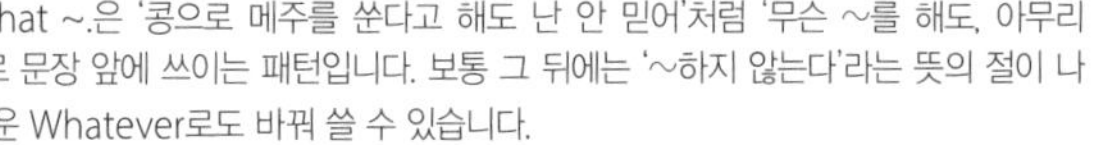
No matter what ~.은 '콩으로 메주를 쑨다고 해도 난 안 믿어'처럼 '무슨 ~를 해도, 아무리 ~해도'란 뜻으로 문장 앞에 쓰이는 패턴입니다. 보통 그 뒤에는 '~하지 않는다'라는 뜻의 절이 나오며, 앞에서 배운 Whatever로도 바꿔 쓸 수 있습니다.

Date.   .   .

□□□

No matter how ~.

아무리 ~해도 ~해요.

No matter how
difficult the task is, she can do it.

그 일이 아무리 어려워도 그녀는 할 수 있어요.

No matter how
much I practice, I'm not very good at the piano.

아무리 연습을 해도 전 피아노는 젬병이에요.

No matter how
much time I spend, I can't finish it.

아무리 많은 시간을 들여도 그걸 끝낼 수가 없어요.

No matter how
difficult it gets, don't give up.

아무리 어려워지더라도 절대 포기하지 마세요.

No matter how
much I work, I still don't make enough money.

제가 아무리 일을 많이 해도 아직 돈을 충분히 벌지 못해요.

practice 연습하다

No matter how ~.는 '아무리 ~해도' 또는 '얼마나 ~한다 해도'라는 뜻의 패턴으로, 'how+형용사/부사+주어+동사'의 형태로 사용합니다.

228

A : **Whatever** *you want, just tell me.*

B : I'm fine with anything.

……

A : **Whatever** *she says, don't believe it.*

B : Why not?

A : She lies all the time!

229

A : **Whoever** *made this mess had better clean it up.*

B : What a mess! I'm going to call the maintenance worker.

……

A : **Whoever** *broke it had better fix it.*

B : Nobody is going to confess.

230

A : **Whenever** *I'm on a boat, I get seasick.*

B : That's the worst!

……

A : **Whenever** *I sneeze, my eyes water.*

B : That's normal.

228 A : 원하는 게 뭐든 말만 해. B : 난 아무거나 괜찮아. | A : 그녀가 뭐라고 하든 믿지 마. B : 왜? A : 걘 항상 거짓말만 하니까! 229 A : 이렇게 난장판으로 만든 사람은 누구든 빨리 치우는 게 나을 거야. B : 엉망이네! 내가 관리직원에게 전화할게. | A : 이것을 부순 사람은 누구든 고쳐놓는 게 나을 거야. B : 아무도 자백하지 않을 거야. 230 A : 나는 배를 탈 때마다 배멀미를 해. B : 그거 최악이네! | A : 나는 재채기를 할 때마다 눈에 눈물이 고여. B : 그게 정상이야.

231

A : **Wherever** *she shops, she finds bargains.*

B : We should ask her for some time.

......

A : **Wherever** *I go, I always get lost.*

B : You should use Google Maps.

A : That's a good idea.

232

A : **No matter what** *happens, don't shout.*

B : Why not?

A : The baby is sleeping.

......

A : **No matter what** *I do, I can't lose weight.*

B : Have you tried counting calories?

A : I've tried everything!

233

A : **No matter how** *much I practice, I'm not very good at the piano.*

B : Just stick with it!

......

A : **No matter how** *much I work, I still don't make enough money.*

B : Maybe you need to find a better job.

A : I should start looking for one.

231 A : 어디에서 쇼핑을 하든지 그녀는 싼 물건을 찾는다니까. B : 그녀가 시간이 있는지 물어봐야겠네. | A : 어디를 가든지 난 늘 길을 잃어. B : 구글맵을 사용해. A : 그거 좋은 생각이네. 232 A : 무슨 일이 있어도 소리치지 마. B : 왜? A : 아기가 자고 있거든. | A : 뭘 해도 살을 뺄 수가 없어. B : 칼로리는 계산해 봤어? A : 뭐든 다 해봤지. 233 A : 아무리 연습을 해도 난 피아노는 젬병이야. B : 끈기 있게 열심히 해봐! | A : 내가 아무리 일을 많이 해도 아직 돈을 충분히 벌지 못해. B : 더 나은 일을 찾아보지 그래? A : 찾아보기 시작해야겠어.